© 2018 by GRAFIT Verlag GmbH
Chemnitzer Str. 31, D-44139 Dortmund
Internet: http://www.grafit.de
E-Mail: info@grafit.de
Alle Rechte vorbehalten.
Umschlaggestaltung: Nele Schütz Design unter Verwendung von
shutterstock/goodmoments (Wand), Stefan Ziese (Kiosk)
Druck und Bindearbeiten: CPI – Clausen & Bosse, Leck
ISBN 978-3-89425-582-4
1.   2.   3.   /   2020   19   18

Christiane Antons

Yasemins Kiosk

Zwei Kaffee und eine Leiche

Kriminalroman

Die Autorin

Christiane Antons, geboren 1979 in Bielefeld, studierte allgemeine und vergleichende Literaturwissenschaft, Englisch und Geschichte an der Universität Bielefeld. Nach einer Hörfunkausbildung arbeitet sie seit 2008 beim ›Westfälischen Literaturbüro in Unna e. V.‹. Gelegentlich moderiert sie Lesungen und übernimmt deutsche Leseparts. Nach Stationen im Ruhrgebiet und in Köln lebt sie heute wieder in Ostwestfalen.

www.christianeantons.de

Für meinen Bruder Christian statt Porsche (sorry).

Für meine Mutter Gesine,
eine der stärksten Frauen, die ich kenne.

Papa, liest man da oben?

Prolog

Es war ein Knochenjob. Seine Bandscheibe machte das nicht mit. Er brauchte dringend eine Massage. Gleich morgen würde er zu der kleinen Thai gehen und sich ordentlich durchkneten lassen.

Natürlich war ein Mensch objektiv nicht schwerer, wenn er tot war, das wusste er. Aber es fühlte sich verdammt noch mal so an. Deshalb war er jetzt schon klitschnass. Der Schweiß lief ihm den Rücken herunter. Ihm graute davor, den Kofferraum gleich wieder entladen zu müssen. Die drängende Frage war vor allem, wo. Er rubbelte mit seiner Hand an der Wirbelsäule entlang. Es juckte.

Denk nach! Das hier war nicht von langer Hand geplant gewesen. Er hatte so etwas noch nie gemacht. Er musste improvisieren. Das gefiel ihm nicht. Er war Fahrer, kein Entsorger! Seine Loyalität brachte ihn in Teufelsküche.

Denk nach! Er war in der Tiefgarage in der Altstadt einfach losgefahren, ohne Ziel. Den Dienstwagen hatte er stehen lassen, sicher war sicher, und seinen alten Audi genommen. Beim Einsteigen ins Auto war ihm der Schmerz aus den Lendenwirbeln bis in den linken Fuß geschossen. Er hatte sich eindeutig verhoben.

Einfach fahren, dann kommt dir schon eine Idee. Über den Jahnplatz, der Knotenpunkt für die Stadtbahn und Busse und so schön wie eine Warze auf der Nase war, fuhr er stadtauswärts, blickte links hoch zum belebten Hauptbahnhof und überlegte derweil, welcher Ort der geeignete wäre. Als er bemerkte, dass er mit seinem rechten Zeigefinger unaufhörlich auf das Lenkrad tippte, hörte er damit auf und stellte das Radio an. Er bog links ab, verringerte kurz vor der Blitzanlage die Geschwindigkeit und sah in der Ferne das

Viadukt, das fast majestätisch vor dem Obersee, einem künstlich angelegten Stausee, in der Dunkelheit stand. Aber eben nur fast. Die Worte *Bielefeld* und *majestätisch* passten für ihn nicht recht zusammen. Was nicht hieß, dass er sich hier nicht wohlfühlte. Seit fast zwanzig Jahren lebte er in Ostwestfalen. Nach dem Tod seiner Mutter hatte ihn nichts mehr in Colbitz gehalten. 3.300 Einwohner. Ein ehrenamtlicher Bürgermeister. Viel Heidelandschaft. Zu viel. Also hatte er damals beschlossen zu studieren. Woanders. Ohne Heide, ohne Mutter. Das Schicksal hatte ihn nach Bielefeld geführt.

Auf Höhe des Obersees verringerte er seine Geschwindigkeit. Zwei, drei Autos standen auf dem Parkplatz, obwohl es schon weit nach Mitternacht war. Was die da wohl trieben? Der *Seekrug* auf der anderen Uferseite war noch beleuchtet.

Er setzte seine Fahrt fort. Zu hohes Risiko.

Der Juckreiz wurde langsam unerträglich. Er fuhr in Richtung Uni, in Richtung dieses grauen, riesigen, verschachtelten Kastens, mit seinen nach links und rechts abzweigenden Zähnen. So nannten hier alle die Türme, die vom Hauptgebäude abgingen und in denen die einzelnen Fakultäten untergebracht waren. Nichts war schön an diesem Gebäude. Wie hässlich dieser ausgelegte Gummiboden mit Kreismuster war, der ihn immer an übergroße Legosteine erinnert hatte!

Er hatte sein Studium nicht geschafft. Trotzdem hatte er sich an der Uni eine Zukunft aufgebaut. Weil er die richtigen Freundschaften geschlossen hatte. Freundschaften, die wertvoller waren als ein Magister in Germanistik, Soziologie und Jura. Damit verdiente man nichts. Wahrscheinlich hätte er damit im Supermarkt Regale eingeräumt oder in einem Hähnchenkostüm Werbung für einen Schnellimbiss gemacht. Er wollte gar nicht wissen, wie viele Aushilfen sich so ein Kostüm teilten. Die Körpergerüche, die Bakterien, die ungewaschenen Haare der anderen. Ekelhaft. Er hingegen hatte alles richtig gemacht. Von hier aus konnte er schon fast zu seinem Grundstück hinüberspucken. Er blickte aus dem rechten Seitenfenster, sah vor seinem inneren Auge bereits sein perfektes Einfamilienhaus mit schnuckeligem Garten stehen und deshalb den Einsatzwagen am Straßenrand zu spät. Der Polizeibeamte hob die Kelle. Keine Chance, unbemerkt umzukehren.

Das konnte doch nicht wahr sein! Warum mitten in der Woche?

Bleib ruhig, bleib ganz ruhig. Wie gut, dass er nichts getrunken hatte. Er trank nicht mehr seit damals, seit dieser einen Nacht. Als er das Seitenfenster hinunterließ, zwang er sich zu einem Lächeln.

»Guten Abend, Fahrzeugkontrolle. Ihren Führerschein und Fahrzeugschein, bitte.«

Er nickte. Suchte die Papiere zusammen. *Nicht zittern, halt deine Hand ruhig.*

»Lohnt sich das denn für Sie? Eine Kontrolle mitten in der Woche?« Er versuchte, seine Stimme heiter klingen zu lassen.

»Heute ist Uni-Party, da kommt schon ganz gut was zusammen«, antwortete der Polizist und gähnte. Als er die Papiere entgegennahm, blickte er ihn kritisch an. »Sie scheinen sehr stark zu schwitzen. Geht es Ihnen nicht gut?«

Er spürte, wie das Rinnsal an seiner Wirbelsäule schneller lief. »Doch doch, bestens. Ich komme gerade aus der Sauna. Schwitze nach. Nicht kalt genug geduscht.«

»Aus welcher Sauna denn?«, hakte der Polizist nach.

Mach schon, aus welcher Sauna. Sie muss weiter weg sein, es ist spät. Denk nach, denk …

»Westfalen-Therme. Bad Lippspringe. Waren Sie schon mal da? Top! Wie Urlaub.«

Der Polizeibeamte schaute auf den Rücksitz. »Und wo ist Ihre Tasche?«

Ihm wurde heiß und kalt. »Na, im Kofferraum natürlich. Oder meinen Sie, ich will mir mit den feuchten Handtüchern meinen Innenraum zustinken?«

Denk nach, was machst du, wenn er an den Kofferraum will? Er könnte sich weigern. Könnte den Polizeibeamten nach dem Durchsuchungsbeschluss fragen. Könnte Zeit schinden. Mit einem Anwalt drohen. Er würde sich damit aber verdammt noch mal auf ganz schön dünnem Eis bew...

»Hey, ich hab nicht die ganze Nacht Zeit. Haben Sie noch Wasser in den Ohren? Hier!« Ungeduldig hielt ihm der Polizeibeamte seine Papiere unter die Nase.

»Entschuldigung, ich war gedanklich ...«

»... noch in der Sauna, ja. Gute Fahrt.«

»Danke. Und Ihnen eine ruhige Nacht.« Er ließ das Fenster hochfahren und bemühte sich, ruhig zu atmen.

Du Idiot! Jetzt sieh zu, dass du die Leiche loswirst! Sein Zeigefinger tippte wie wild auf das Lenkrad, als er langsam anfuhr.

Wenige Minuten später bog er in eine ruhige Wohnsiedlung ein. Er hatte jetzt wirklich die Schnauze voll. Er musste handeln. Den Motor stellte er aus und ließ den Wagen ein Stück geräuschlos dahinrollen.

1.

Sie musste zugeben, sein Körper war durchaus appetitanregend. Ein Sixpack vor dem Herrn. Aber er vögelte eine Frau im Stehen von hinten, die vom Alter ihrer Mutter sein könnte. Nina konnte ihren Blick von den dicken Brüsten, die bei jedem seiner Stöße hin und her wackelten, kaum abwenden.

»Das ist nicht dein Ernst, Hetta! Ich glaub, ich spinne!«

Sie schaltete den Fernseher aus und drehte sich mit verschränkten Armen zu ihrer Mutter um. »Während ich für uns einkaufe, guckst du Pornos? Das ist … ekelhaft!«

»Nein, das ist Sex, Schatz. Etwas ganz Natürliches. Hast du den Eierlikör mitgebracht?« Henrietta Gruber machte sich nicht die Mühe, die Zigarette aus ihrem Mundwinkel zu nehmen, während sie mit ihrer Tochter sprach.

»Ich hab dir schon tausendmal gesagt, wie sehr ich es hasse, wenn du in der Wohnung rauchst. Stell dich wenigstens ans Fenster. Und zieh nicht immer die Jalousien herunter, da muss man ja depressiv werden, Herrgott!« Energisch zog Nina den Rollladen hoch. »Und du stinkst! Geh endlich duschen!«

»Der Psychiater hat dir das doch erklärt: Meine Erkrankung bringt mangelnde Körperpflege mit sich.« Ihre Mutter zuckte mit den Schultern. »Ich kann nicht so einfach aus meiner Haut. Deine Mutter ist krank, also sei gefälligst nett zu ihr, sonst gibt's kein Erbe.« Mit einem halb vollen Eierlikörglas prostete sie Nina zu.

Die schloss für einen Moment ihre Augen. Ihre Mutter war krank, ja, das wusste Nina. Deshalb überkam sie jedes Mal ein schlechtes Gewissen, wenn sie spürte, dass sie stinksauer auf Hetta wurde. Ein Gefühl, das Nina seit ihrer Jugend kannte. Doch völlig unabhängig von ihrer Krankheit war Hetta einfach ein schwieriger und oft egoistischer Mensch! Und das war es, was Nina so zusetzte. Es war so anstrengend, so kräftezehrend, sich mit Hetta auseinanderzusetzen. Doch sie durfte sich nicht ständig provozieren lassen und die Aussagen ihrer Mutter persönlich nehmen. Nina atmete tief durch und stellte sich einen Pool im Sommer vor. Sie stand am Beckenrand und glitt mit einem Kopfsprung hinein. Kühle, klare Bilder, vorzugsweise in Blau gehalten, beruhigten sie. Eine Methode, die sie mit ihrer Therapeutin erarbeitet hatte. Der knallroten Wut, die sie zu übermannen drohte, der wahnsinnigen Hitze, die sich in solchen Augenblicken in ihrem Körper breitmachte und ihre Selbstbeherrschung wegbrannte, setzte sie seit einiger Zeit blau getünchte, kühlende Bilder entgegen. Es funktionierte. Nicht immer. Aber immer häufiger.

»Ich habe in Wuppertal mein Leben aufgegeben und bin zu dir gezogen, weil du Hilfe brauchst. Das würden längst nicht alle Kinder machen. Vielleicht könntest du dich hier und da auch ein bisschen zusammenreißen und deine Rücksichtslosigkeit nicht immer mit deiner Psyche entschuldigen«, versuchte es Nina in einem leisen, aber eindringlichen Ton.

»Oho, Mutter Theresa. Wenn ich mich richtig entsinne, haben dich deine Polizeikollegen in Wuppertal ordentlich in den Hintern gefickt und verpfiffen. Und zurückgekommen bist du erst, nachdem der gesetzliche Betreuer an mein Konto gegangen war. Wenn's um Geld geht, kommen die Kinderlein ganz schnell angelaufen.«

»Das ist nicht fair, Hetta, und das weißt du. Ich räume jetzt die Einkäufe weg.«

»Hast du Eierlikör mitgebracht?«

»Ja, Himmel, ich habe dir deinen Eierlikör mitgebracht«, antwortete Nina matt. Sie ging in den Flur und sah noch aus den Augenwinkeln, wie ihre Mutter den Fernseher wieder anschaltete. In Gesprächen mit Hetta war kein Blau der Welt kühlend genug.

»Die sollte sich auch mal wieder anständig durchvögeln lassen, vielleicht wäre sie dann ein bisschen entspannter«, hörte sie ihre Mutter murmeln.

Die Hitze stieg Nina die Wangen hoch. Sie brauchte eine eigene Wohnung. Sonst würde es bald eine Tote geben.

2.

Frühling in Bielefeld bedeutete, der Regen wurde wärmer. Während Nina von einem Vordach zum nächsten lief und dabei versuchte, den Pfützen auszuweichen, fragte sie sich, ob es ihr Schicksal war, in Städten zu leben, die die grauen Wolken einluden, länger als woanders zu verweilen. Wuppertal und Bielefeld gehörten zu den regenreichsten Städten Deutschlands. In Wuppertal, so sagte ein Sprichwort, würden die Babys mit Regenschirm geboren. Ein ostwestfälisches Kind dagegen sog mit der Muttermilch die Isso-Mentalität auf.

Isso.

Muss ja.

Schulterzucken.

Es gab eine Zeit, da hatte Nina diese scheinbare Gleichgültigkeit in den Wahnsinn getrieben. Nach dem Abitur hatte sie fluchtartig ihre Heimat verlassen. Die einhundertfünfzig Kilometer Distanz zu ihrer Mutter hatte sie freier atmen lassen. Was aber die Ostwestfalen anging, war sie sich nicht mehr so sicher, ob sie damals nicht wortkarge Gleichgültigkeit mit stoischer Gelassenheit verwechselt hatte. Man ließ den anderen leben und mischte sich nicht unnötig ein.

Sie überquerte den Siegfriedplatz, auf dem bei schönem Wetter das Herz des Bielefelder Westens schlug. Die Bewohner des Viertels bevölkerten ihn mit Decken, Gitarren und Klappstühlen und holten sich bei einem Bierchen einen anständigen Sonnenbrand.

Nina zog einen kleinen Zettel aus ihrer Hosentasche, auf dem sie die genaue Adresse notiert hatte. Ihr Ziel lag noch zwölf Hausnummern entfernt. Sie hoffte, dass es dieses Mal klappen würde, sie musste bei Hetta unbedingt raus. Tag für

Tag stritten sie sich wegen Nichtigkeiten, das machte sie bekloppt. Es reichte, dass ihre Mutter es schon war. Der Wohnungsmarkt war angespannter, als sie es aus der Ferne vermutet hatte, heute startete sie ihren achten Versuch. Manchmal hatte sie einfach Pech gehabt und andere Bewerber hatten sich durchgesetzt. Oder sie selbst hatte abgelehnt, weil das Badezimmer kein Fenster besaß. Sie war kein anspruchsvoller Mensch, lediglich dieser Punkt war für sie nicht verhandelbar. Allein der Gedanke an ein fensterloses Bad ließ ihre Hände schwitzig werden.

Ignorierte man den Kondomautomaten und das hässliche Graffito, das frisch auf der Fassade prangte, sah das Mehrparteienhaus, vor dem sie nun stand, recht gepflegt aus. Besonders gefiel Nina der Kiosk im Erdgeschoss. Dort könnte sie sich morgens einen frisch gebrühten Kaffee besorgen und abends ein gut gekühltes Pils. Für die Grundnahrungsmittel wäre also gesorgt. Sie las die Namensschilder, die ausnahmslos im selben verschnörkelten Schriftzug gedruckt waren, und klingelte bei *Dorothee Klasbrummel*.

»Ja, bitte?«, erklang eine tiefe Frauenstimme aus der knarrenden Gegensprechanlage.

»Guten Tag, hier ist Nina Gruber, wir haben um siebzehn Uhr einen Termin wegen der freien Wohnung.«

»Kommen Sie hoch.«

Oben angekommen, stand Nina vor einer geschlossenen Wohnungstür und klingelte erneut. Wieder ertönte ein Türöffner.

»Einfach durchlaufen, wir sind im Wohnzimmer«, hörte sie die Frauenstimme sagen.

Warum auch den fremden Besucher an der Haustür begrüßen, einfach alle Psychos direkt ins Wohnzimmer einladen, dachte Nina kopfschüttelnd. Offenbar verfügte die Frau auch über einen Türöffner für die Wohnungstür, und das im Wohnzimmer. Warum, war Nina ein Rätsel. Sie schritt durch einen Flur, der in einem warmen Orangeton gestrichen war. Als sie die kleine Duftkerze auf dem Schuhschrank sah, wusste sie, dass sie sich den Orangenduft nicht eingebildet hatte. Eine alte Holzuhr, die an der Wand hing, erinnerte sie an ein ähnliches Exemplar, das einst ihre Großmutter besessen hatte. Auch diese Wanduhr war aus dunklem Holz gefertigt, vielleicht Kirsche, und auf dem goldenen Zifferblatt zeigten römischen Zahlen an, welche Stunde geschlagen hatte. Für einen Moment legte Nina ihr Ohr an den hölzernen Korpus, um das vertraute Ticken ganz nah zu hören.

Bevor sie eintrat, klopfte sie drei Mal kurz an die angelehnte Wohnzimmertür. Auf dem Sofa saß ein junges Mädchen, das unmöglich die Vermieterin sein konnte. Ihre Wimperntusche war vom Weinen so verschmiert, dass sie die Bestbesetzung für eine Vampirserie hätte sein können. Sie guckte nicht hoch. Dorothee Klasbrummel stand an einem Terrarium in der hinteren Ecke des Raumes. Nina schätzte die Vermieterin auf Ende sechzig, Anfang siebzig. Sie trug ein weites Kleid aus fließendem Stoff, dessen Farbe mit dem Fluranstrich übereinstimmte, und hatte auffallend viele Lachfalten um ihre Augen.

»Guten Tag, Frau Gruber.« Sie kam auf Nina zu und gab ihr die Hand. »Darf ich vorstellen, das ist Yasemin Nowak, sie führt den Kiosk im Erdgeschoss meines Hauses.«

»Tach. Ich seh nicht immer so scheiße aus. Ich musste nur mal kurz Dampf ablassen.« Yasemin blieb auf dem Sofa sitzen und versuchte, mit dem Handrücken die Wimperntusche von ihren Wangen zu wischen. Damit machte sie alles nur schlimmer.

»Hi. Ich bin irgendwann dazu übergegangen, meine Wimpern zu färben, nur so als Tipp, dann hast du das Problem nicht mehr.« Nina deutete auf Yasemins verschmierte Augenpartien und lächelte ihr aufmunternd zu. »Meine Farbe ist wasserfest.«

»Setzen Sie sich doch, Frau Gruber. Möchten Sie auch einen Tee?«, sagte Dorothee Klasbrummel.

»Ja, gerne.« Nina machte es sich auf dem Sessel bequem und schaute sich im Wohnzimmer um. An zwei Wänden standen riesige Bücherregale, die bis zur Decke gefüllt waren. Die Bücherrücken verrieten, dass ihre potenzielle Vermieterin fast jeden Krimi, den es auf dem Markt gab, gelesen haben musste. In dem Terrarium war nichts Lebendiges zu entdecken, wer immer darin hauste, schien tagsüber zu schlafen.

»Rennmäuse?« Nina deutete auf den gläsernen Käfig und schaute Yasemin fragend an, die den Kampf gegen die Wimperntusche aufgegeben hatte und an ihrem Tee nippte.

Die junge Frau schüttelte den Kopf. »Vogelspinne. Echt eklig.«

»Spinnen sind nicht eklig, Yasemin. Das sind nützliche Tiere. Der Ekel wird uns Menschen nur antrainiert.« Dorothee kam aus der Küche zurück und stellte eine Tasse Tee und ein Zuckerpöttchen auf den Tisch. »So, Frau Gruber, Sie haben also Interesse an der Wohnung hier in der zweiten Etage. Natürlich muss ich als Vermietern interessiert daran sein, was Sie beruflich machen?«

Nina nahm die Tasse in die Hand und bemühte sich, entspannt zu wirken. »Selbstverständlich. Ich bin Polizeibeamtin und lege zurzeit ein Sabbatjahr ein. Ich hatte zwar mal ursprünglich geplant, eine Weltreise zu machen, aber nun kümmere ich mich um meine Mutter, die alleine nicht mehr so gut zurechtkommt.« Sie zuckte mit den Schultern. »Es kommt eben im Leben immer anders, als man denkt. Ein Antrag auf Versetzung meiner Dienststelle von Wuppertal hierher läuft, denn ich möchte nach dem Jahr hierbleiben, um für meine Mutter langfristig da sein zu können.« Das war eine etwas geschönte Version, aber wegen kleiner Notlügen kam man schließlich nicht in die Hölle.

»Eine Polizistin! Das gefällt mir. Dann muss ich mir um meine Miete und unsere Sicherheit hier im Haus keine Gedanken machen. Ich schlage vor, Sie schauen sich die Wohnung einfach mal an. Hier sind die Schlüssel, gehen Sie gerne runter.«

»Sie kommen nicht mit?«

»Ich kenne die Wohnung doch, mir gehört dieses Haus.«

Seltsame Person, aber nicht unsympathisch, dachte Nina, während sie drei Etagen hinunter zu der leer stehenden Wohnung ging. Drei Zimmer, Küche und ein Bad mit Fenster. Eine Einbauküche mit glänzend weißen Fronten und einer dunklen Arbeitsplatte war auch vorhanden, das würde ihr Arbeit und Geld ersparen. Nina missfielen zwar die dunklen Holzdecken, die die Räume kleiner wirken ließen, als sie waren. Es war ihr auch ein Rätsel, warum braune Badezimmerfliesen mit Baummotiven produziert und, schlimmer noch, wieso sie gekauft wurden. Doch die großen Fenster und der Balkon, von dem aus sie bis zum Teutoburger Wald blicken konnte, entschädigten sie für die Schönheitsfehler. In dieser Wohnung würde sie sich wohlfühlen können.

»Wenn Sie mir einen Vertrag anbieten, unterschreibe ich ihn gerne.« Nina überreichte Dorothee Klasbrummel wenige Minuten später wieder die Schlüssel.

Die lächelte. »Wie Sie sich vorstellen können, sind Sie nicht die einzige Interessentin für diese Wohnung«, entgegnete sie und spielte mit dem Schlüssel in ihrer Hand.

Nina nickte. Was käme jetzt? Wollte die Vermieterin schon die Miete erhöhen? Geld für die Küche?

»Aber Sie sind mir bislang die sympathischste. Eine Polizistin im Haus zu haben, kann nicht schaden. Zumal Yasemin aktuell ein kleines … Problem hat.«

»Ach, Doro, lass mal, ich krieg das schon irgendwie hin«, entgegnete die junge Halbtürkin und zog sich dabei die Pulloverärmel über ihre Handgelenke.

»Was ist denn das für ein Problem?« Ninas Neugierde war geweckt.

»Yasemin hat erst vor sechs Wochen den Kiosk übernommen. Und vom ersten Tag an macht ihr ein Unbekannter das Leben schwer. Anzügliche Briefe, unschöne Geschenke.« Beim letzten Wort malte Dorothee Anführungszeichen in die Luft. »Wie Sie sich vorstellen können, zerrt das an Yasemins Nerven. Aber, auch wenn ich ihr das empfohlen habe, sie will damit nicht zur Polizei gehen. Ich würde mir wünschen, dass sich Yasemin ganz auf ihre Selbstständigkeit konzentrieren kann. Wenn Sie also ab und zu mal bei ihr vorbeischauen könnten … Vielleicht finden Sie ja heraus, wer dahintersteckt. Dürfte doch bei Ihrer Qualifikation ein Leichtes sein. Und ein bisschen Abwechslung tut Ihnen bestimmt auch ganz gut. Sie können sich ja nicht vierundzwanzig Stunden lang um Ihre Mutter kümmern, da wird man ja …«

»… bekloppt. Sie haben recht. Das ist kein Problem für mich, ich helfe gerne.« Nina musste nicht lange überlegen. Dorothee Klasbrummel erpresste sie zwar streng genommen, aber sie hatte nichts dagegen, einem Stalker das Handwerk zu legen. »Meine Großmutter hatte übrigens früher auch einen Kiosk. Ich habe als Jugendliche manchmal ausgeholfen und so mein Taschengeld aufgebessert. Ich könnte dir also wirklich unter die Arme greifen. Gesetzt den Fall, du bist einverstanden«, wandte sich Nina nun direkt an Yasemin.

Die zuckte mit den Schultern. »Wenn du mich nich' anschwärzt, weil ich meinen Kunden schwarz die Haare schneide, geht das klar.«

Dorothee lachte laut auf. »Ach Yasemin, du und deine große Klappe. Wunderbar, Frau Gruber, dann sind wir uns einig. Sie haben gesehen, die Wohnung steht leer. Sie können sofort einziehen. Ich bin übrigens Dorothee, lassen Sie uns doch duzen. Auf unsere Vereinbarung sollten wir anstoßen, findet ihr nicht?«

Solange es kein Eierlikör ist, dachte Nina und nickte.

3.

Am Tag ihres Umzugs hatte es wie aus Eimern geschüttet. Trotzdem hatte Nina ihre wenigen Kartons, die sie gepackt hatte, mitgenommen und den Auszug bei ihrer Mutter nicht verschoben. Nachdem sie Hetta mitgeteilt hatte, dass sie eine eigene Wohnung angemietet hatte, hatte sich die Stimmung zwischen ihnen weiter verschlechtert. »Ist ja nichts Neues, du warst ja auch in den letzten Jahren nie für mich da«, war nur einer der Sätze gewesen, die ihre Mutter ihr an den Kopf geworfen hatte. Nina hatte gespürt, wie ihre inneren Bilder von wunderschönen Schneekuppen und türkisfarbenen Ozeanen größere Risse bekamen, durch die die rote Wut sickerte und ihr Inneres vergiftete.

Zwei Mal hatte sie nun schon in ihrer neuen Wohnung übernachtet, genoss die Ruhe, das Tageslicht und die gute Luft, weil sie die Fenster aufreißen konnte, wann immer sie es wollte, und mit niemandem zusammenwohnte, der noch nicht einmal die Energie aufbrachte, sich unter die Dusche zu stellen. Als Nächstes musste sie sich jedoch dringend um neue Möbel kümmern. Ihre Zweizimmerwohnung in Wuppertal hatte sie möbliert untervermietet. Im Augenblick diente ihr eine Holzpalette vorübergehend als Wohnzimmertisch. Daneben stand der Schaukelstuhl, ein Erbstück ihrer Großmutter und das einzige Möbelstück, das sie aus Wuppertal mitgenommen hatte.

Es war früher Nachmittag, als sie das Treppenhaus hinunterging und wenige Minuten später Yasemins Kiosk betrat. Prompt fühlte sie sich zurück in ihre Kindheit versetzt.

Damals hatte sie viel Zeit im kleinen Krämerladen ihrer Oma verbracht. Es war ihr Zufluchtsort gewesen, wenn ihre Mutter mal wieder zu tief ins Glas geschaut oder Nina sich gelangweilt hatte, weil der einzige Freund, mit dem sie sich manchmal verabredete, an dem Tag lieber Fußball und nicht mit einem Mädchen spielen wollte. Nina hatte es geliebt, auf dem kleinen wackeligen Holzhocker hinter dem Tresen zu sitzen und zuzuhören, wie Oma einen Schnack mit den Kunden hielt, so hatte sie das immer genannt. »Wenn du willst, dass sie wiederkommen, musst du ihnen zuhören.« Aber Oma hatte nicht nur zugehört, sie hatte auch ordentlich mitgeschnackt.

Yasemin hatte die Wände des Kiosks in einem hellen Blau gestrichen, vor der Tür stand eine Bank, auf deren Lehne *Gönn dir eine Pause!* zu lesen war, daneben waren eine dampfende Kaffeetasse und ein Eis gemalt. In ihrem Sortiment fanden sich die üblichen Waren wie Zigaretten, Bier und Spirituosen, Zeitschriften und Süßigkeiten. Die Kunden konnten Lotto spielen, Konservendosen, Zahnbürsten und Wolle kaufen.

»Wolle in einem Kiosk?«, entfuhr es Nina.

Yasemin nickte. »Erika, die wohnt da gegenüber«, sie deutete auf einen Achtzigerjahreklinkerbau, »die kauft bei mir ihre Strickzeitschriften. Außerdem mach ich ihr die Haare. Und Erika trifft sich immer mit ihren Freundinnen zum Stricken. Die sind alle über achtzig oder so, auf jeden Fall steinalt, und für die isses voll anstrengend, extra in die Innenstadt zu fahren, um Wolle zu kaufen. Jetzt hat Erika ihnen erzählt, dass sie die auch hier kriegen. Supi, ne?!«

»Absolut! Du bist eine kluge Geschäftsfrau. Mit der Wolle und dem Haareschneiden setzt du dich von der Konkurrenz ab. Bist du gelernte Friseurin oder stülpst du allen einen Topf auf den Kopf und schneidest einmal drum herum?«

»Ich sach mal so. Deine Frisur wäre nach dem Topf nich'

viel schlimmer.« Yasemin lachte ein ansteckendes Lachen, das es Nina unmöglich machte, ihr böse zu sein. »Komm mal mit!«

Die Deutschtürkin führte Nina in das Hinterzimmer, das sich als ein richtiger kleiner Friseursalon mit einem mobilen Waschbecken entpuppte. Auf den Regalen an der Wand standen Haarpflege- und Färbemittel. »Dir würden ein paar Strähnchen in deinem straßenköterblonden Kurzhaarschnitt wirklich guttun.«

»Äh, ja, ein anderes Mal vielleicht.« Verlegen strich sich Nina über ihren Kopf. In den vergangenen Monaten hatte sie andere Probleme gehabt als die Frage, welche Haarfarbe zu ihr passte. »Warum hast du den Job als Friseurin aufgegeben?«

»Mein Chef war ein Arsch und ich glaube, ich bin besser selbstständig als angestellt. Ich lasse mir nich' so gerne was sagen, weißte?«

Nina nickte. Sie wusste. Und sie mochte diese quirlige junge Frau von Minute zu Minute mehr. Die Klingel an der Tür kündigte einen Kunden an. Ein junger Mann kaufte eine Packung Tabak und Kaugummis.

»Na ja, und dann hat sich vor Kurzem die Gelegenheit mit dem Kiosk ergeben«, nahm Yasemin den Faden wieder auf. »Ich mache Doro seit einem Jahr die Haare. Bei uns im Salon war ich für die Hausbesuche zuständig. Sie erzählte mir, dass der Kiosk frei wird, und ich dachte: Perfekt, das will ich machen. Und Dorothee is' ja auch echt in Ordnung. Die Miete, die ich abdrücken muss, ist ein Witz. Aber sie braucht die Kohle eh nicht wirklich. Ihr gehört ja das ganze Haus und sie macht außerdem diesen Bücherkram von zu Hause.«

»Bücherkram?«

»Ja. Sie übersetzt Bücher aus dem Englischen. Am liebsten Krimis. Französisch kann sie auch. Dorothee ist echt ganz schön klug. Und nett. Ich glaub, es ist vielleicht so 'ne Art Tochterbonus, den ich hab. Ich bin die Tochter, die sie nie hatte, oder so. Vielleicht ist das auch Quatsch. Aber ich glaub schon, dass sie manchmal ein bisschen einsam ist, da oben so alleine in der Wohnung.«

»Wieso? Hat sie keine Freunde? Verreist sie nicht?«

»Nee, Doro geht nicht aus der Wohnung. Auch wenn sie nie so ganz die Hoffnung aufgibt, dass sie es doch irgendwann wieder hinkriegt. Wir haben's sogar schon mal gemeinsam versucht, ist aber in die Hose gegangen. Immerhin traut sie sich jetzt wieder bis an die Wohnungstür. Das war schon mal anders. Deshalb hat sie auch diesen Türöffner im Wohnzimmer, haste vielleicht gesehen.«

Jetzt verstand Nina, warum Dorothee sie nicht an der Tür begrüßt hatte. Angst vor ungebetenen Gästen hatte ihre Vermieterin hingegen anscheinend nicht. Erstaunlich, aber jeder Mensch tickte nun mal anders.

»Na ja, das soll sie dir lieber selber mal alles erzählen«, beendete Yasemin das Thema. »Hilfst du mir, die neue Ware einzusortieren? Hinten stehen noch ein paar Kartons mit Zigaretten und Konservendosen.«

Nina nickte. »Rauchst du eigentlich?«, erkundigte sie sich, während sie Zigarettenschachteln und Yasemin Konserven in das Regal räumte.

»Manchmal, wenn ich zu viel getrunken hab, aber sonst nicht. Is' nicht gut für die Haut.« Yasemin tätschelte sich ihre Wangen. Nicht nur ihr ovales, feingezeichnetes Gesicht und ihre dunklen, lockigen Haare waren ein Hingucker. Vor Nina stand eine schlanke junge Frau, die auf ihren High Heels spazierte, als seien es Turnschuhe, und die eine hinreißende Lebendigkeit versprühte. Yasemin war eine dieser jungen Frauen, bei deren Anblick sich jede Normalsterbliche gebetsmühlenartig vorsagte: Wenn sie älter wird, geht sie aus dem Leim, warte nur ab. Für Ninas Geschmack war sie zu stark geschminkt, doch immerhin waren jeder Strich und jeder Farbakzent gekonnt gesetzt.

»Hast du auch so Kaffeedurst wie ich?«, fragte Yasemin.

»Ja, ich nehme gerne einen. Mit ein bisschen Zucker, wenn du hast.«

Yasemin nickte, ging zur Kaffeemaschine und reichte Nina wenig später eine dampfende Tasse, aus der der Geruch ehrlichen Filterkaffees emporstieg.

»Danke schön. Ich liebe Filterkaffee. Viel besser als diese Pads oder Kapseln.« Nina nahm einen großen Schluck. »Bring mich doch mal kurz auf den Stand der Dinge, was diesen Unbekannten angeht, der dich belästigt. Was macht der? Und hast du einen Verdacht, wer es sein könnte?«

»Puuhhh, nein, ich hab keinen Verdacht. Da wären viele denkbar und keiner. Ich hab keinen festen Freund.«

»Affären?«

»Mann, du willst es aber genau wissen.« Yasemin setzte sich mit ihrer Tasse auf den Tritt, den sie kurz zuvor benutzt hatte, um die Dosensuppen in das obere Regal einräumen zu können. »Ja, hier und da. Der Richtige war noch nicht dabei. Um ehrlich zu sein, suche ich auch noch gar nicht den Richtigen.«

»Okay, was ist bisher passiert? Und wirst du erst belästigt, seit du den Kiosk übernommen hast?«

»Ja. Also, die erste Überraschung im Briefkasten waren Herzpralinen, das war ja süß. In der Karte stand eine E-Mail-Adresse, *sternenfaenger@gmx.de*, an die ich schreiben sollte, wenn ich einen Mann in meinem Leben haben will, der mir die Sterne vom Himmel holt und das Herz am rechten Fleck trägt. So in etwa.«

»Hast du eine E-Mail geschrieben?«

»Nein. War mir zu kitschig.«

Nina lachte. »Man kann's uns Frauen nicht recht machen, hm?«

»Ich will einen Mann als Mann, weißte? Einer, von dem ich weiß, dass er mich beschützen kann.«

»Und was passierte als Nächstes?«

»Knapp zwei Wochen später lagen zweiundzwanzig verwelkte Rosen vor der Kiosktür, das war dann nicht mehr so süß.«

»Du bist zweiundzwanzig?«

»Ja. Tja. Tut mir leid. Jetzt müssen wir einen trinken.« Yasemin ging hinter den Tresen und stellte ihre Kaffeetasse ab.

»Wie, trinken?«

»Du hast mein Alter genannt. Schnapszahl. Darauf müssen wir einen trinken. Isso«, entgegnete Yasemin.

Isso. Da waren Widerworte sinnlos.

»Jägermeister oder kleiner Feigling?« Yasemin hielt zwei kleine Fläschchen hoch.

»Himmel. Pest oder Cholera? Ich nehme Jägermeister.«

Yasemin schüttelte sich, als sie den Schnaps geleert hatte, und nahm einen Schluck Kaffee hinterher. »Brrr. Wo waren wir? Ach ja, die Rosen. Vorgestern, bevor ich mich bei Doro ausgeheult habe, hatte ich dieses Foto in meinem Briefkasten gefunden.« Yasemin öffnete eine Schublade und zog ein Bild heraus.

»Ja, gut, der muss natürlich auch was kompensieren«, entfuhr es Nina und die beiden Frauen lachten so laut, dass der hereinkommende Kunde verdutzt innehielt. »Na, ihr habt ja Spaß, hoffentlich nicht auf meine Kosten!«

»Ach, wo denkste hin, Heinz! Nie würde ich über dich lachen! Was darf's heute sein?«

Yasemin verkaufte dem älteren Herrn eine Zeitung. »Was machen die Enkel, Heinz?«

Der Mann winkte ab. »Sind zu weit weg. Meine Tochter wohnt ja in Düsseldorf, ich sehe die alle viel zu selten. Aber in drei Wochen kommt se mal wieder hoch. Leider kommt mein Schwiegersohn auch mit. Taugenichts. Zu dumm, auch nur einen Nagel gerade in die Wand zu hauen!«

»Heinz, ohne den Taugenichts hätteste deine Enkel nicht. Ist er denn gut zu deiner Tochter? Isser treu? Hat die Familie immer genug zu essen?«

Heinz blickte Yasemin verlegen an. »Jaja, Yasemin. Is' ja schon gut. Gib mir lieber noch eine Packung von diesen Weinbrandpralinen.«

Sie legte ihm eine Schachtel neben die Zeitung. »Geht heute aufs Haus, Heinz. Sei nett zu deiner Familie. Deine Frau hätte dir das auch gesacht.«

Heinz nickte stumm und verließ den Kiosk. Yasemin wandte sich wieder Nina zu, die ganz baff war, wie freundlich die junge Kioskbesitzerin dem alten Herrn gerade den Kopf gewaschen hatte.

»Das war Heinz. Einer meiner liebsten Stammkunden. Is' ein kleiner Grummelbär, aber ein guter Mensch. 'n bisschen einsam, seit seine Frau letztes Jahr gestorben ist. Da muss man aufpassen, dass er nicht so ein bitterer alter Mann wird, weißte?! Aber wo waren wir?«, fragte Yasemin. »Ach ja, das Foto. Yep, der würde eine Frau nicht glücklich machen. Hast du gesehen, was hinten draufsteht?«

Nina drehte das Foto um. »*Wer so viele Schwänze wie du gelutscht hat, kommt direkt in die Hölle, du Hure!* Ui, wie charmant.«

»Wenn du solche Fotos verschickst, bist du doch echt bekloppt im Kopp, *geri zekalı!*«

Nina nickte. »Mach dir keine Sorgen. Wir finden ihn.« Sie leerte den letzten Karton mit Chips und packte die Tüten ins Regal. »Notiere dir künftig bitte immer Datum und Uhrzeit, wenn wieder etwas passiert.«

»Okay. Ich hoffe ja, dass es einfach aufhört.«

»Hoff du ruhig. Ich bin für den Rest zuständig.« Nina blickte sich im Kiosk um. »Wo kommen die leeren Kartons hin?«

»Die Altpapiercontainer stehen in der Einfahrt vom Haus.«

Vollbepackt mit den leeren Kartons gingen sie zu den Mülltonnen. Das Wetter war heute besser gelaunt als die Tage zuvor. Es war mild und am Himmel tummelten sich lediglich ein paar harmlose Wolken.

»Und jetzt kommt das Beste!« Yasemin zog ihre High Heels aus und trat die Kartons barfuß mit lautem Juchzen platt.

»Möchtest du meine auch noch haben? Lass ruhig alles raus.«

Yasemin lachte und öffnete den Container, um die erste Ladung Altpapier hineinzuwerfen.

Im nächsten Moment stieß sie einen gellenden Schrei aus.

4.

Schöner Anzug, war Ninas erster Gedanke, als sie die Leiche im Container liegen sah. Sie schätzte das Opfer auf Ende zwanzig, es lag auf dem Bauch, das rechte Bein leicht ange-winkelt, der Kopf seitlich, sodass sie einen freien Blick auf die faltenlose Haut und das gut rasierte Gesicht des jungen Mannes hatte. Offensichtlich hatte er einen Migrationshin-tergrund, vielleicht einen italienischen oder türkischen Eltern-teil. Nirgends war Blut zu erkennen, keine offensichtlichen Verletzungen. Nina roch oder sah auch kein Erbrochenes. Der weiße Hemdkragen lugte unter dem anthrazitfarbenen Jackett hervor. Die schwarzen Lederschuhe glänzten, als wären sie gerade neu erstanden worden. Banker? Anwalt? Immobilienmakler?

»Adil!«, schrie Yasemin.

»Adil?«

Yasemin rannte einige Meter vom Container weg und schaute Nina mit aufgerissenen Augen an. »Das ist Adil!

26

Allahım! Ich kenne Adil, das ist Adil, ich kenne ihn!« Sie fasste sich in die Haare, tippelte von einem nackten Fuß auf den anderen.

»Ist er tot? Ist er tot? Wir müssen doch was tun, *bu olmaz!*«

Sie wollte zurück zum Container, doch Nina hielt sie sanft fest.

»Ganz ruhig. Ich kümmere mich, vergiss nicht, ich bin Polizistin. Du kennst den Toten, in Ordnung. Versuch, dich etwas zu beruhigen, atme ein, atme aus, schau mich an, schau mir in die Augen!« Sie hielt Yasemin an den Schultern und atmete ihr langsam vor. »Einatmen und ausatmen.«

Yasemin war kreidebleich, blickte Nina panisch an und versuchte, ihren Worten zu folgen.

»Ich bringe dich jetzt zu Dorothee und verständige die Polizei«, sagte Nina in einem beruhigenden Tonfall. »Du wartest oben. Die Kollegen werden dir nachher ein paar Fragen stellen.«

Als der Türsummer ertönte und Nina mit Yasemin durch Dorothees Wohnungstür schritt, stand ihre Vermieterin bereits im Flur. »Ich habe einen Schrei gehört. Was ist los? Das sind die Momente, in denen ich es kaum aushalten kann, hier eingesperrt zu sein.«

»Du bist ja nicht wirklich … egal.« Nina schloss kurz die Augen, um sich zu sammeln. »In der Altpapiertonne liegt eine Leiche«, erklärte sie. »Klingt unglaublich, ist aber wahr. Yasemin kennt den Toten, sie wird dir das vielleicht gleich selber erzählen, aber zunächst braucht sie …«

»… einen heißen Tee und eine Umarmung. Och, komm her, mein Schätzchen, was musst du im Moment alles ertragen!« Sanft, aber bestimmt führte Dorothee Yasemin, die am ganzen Körper zitterte, ins Wohnzimmer. Die Vermieterin blickte noch einmal kurz über ihre Schulter zu Nina. »Du kannst dich hier auf mich verlassen. Tu, was du tun musst.«

5.

Täter kehren mitunter an den Tatort zurück, heißt es. Aber er war ja nicht der Täter. Er hatte nur entsorgt. Trotzdem war an Schlaf nicht zu denken. Jedes Mal wenn er die Augen schloss, hörte er dieses Geräusch, das der Körper gemacht hatte, als er auf der Pappe gelandet war.

Pöck.

Dabei hatte er sich wirklich Mühe gegeben, leise zu sein. Zunächst hatte er Kartons aus dem danebenstehenden Container in den anderen umgeschichtet, damit die Leiche nicht so tief fallen und der Aufprall möglichst geräuschlos ausfallen würde. Dann hatte er den leblosen Körper sehr vorsichtig auf den Containerrand bugsiert und schließlich behutsam in die Tonne geschoben.

Pöck.

Für seinen Rücken war das die Hölle gewesen.

Er hätte der Leiche nicht noch einmal ins Gesicht schauen dürfen, als er die Flasche neben ihr platziert hatte, das war ein Fehler gewesen. Dieses junge, frisch rasierte Gesicht auf dieser braunen Pappe – es hatte sich in sein Gehirn eingebrannt. War das wirklich nötig gewesen? Hatte er wirklich sterben müssen? Hätte es nicht vielleicht einen anderen Ausweg …

Doch so schnell diese Fragen in seinen Kopf geschossen kamen, so schnell verbannte er sie wieder. Er hinterfragte nicht. Er war loyal.

Die Bilder in seinem Kopf würden mit der Zeit verblassen. Weil er ohnehin nicht schlafen konnte und die Rückenschmerzen im Liegen unerträglich geworden waren, war er an den Tatort zurückgekehrt und hatte gewartet, hatte sich rund zweihundert Meter entfernt, geschützt vor Blicken, in einen Hauseingang gestellt. Es ließ ihn ruhiger werden, die Szenerie beobachten zu können. Es gab ihm das Gefühl, die Kontrolle zu behalten. Allerdings war der Schrei sehr schmerzhaft in seinen Ohren gewesen. Er war geräuschempfindlich. Die andere Frau war erstaunlich ruhig geblieben. Könnte so eine Kampflesbe sein, kurze Haare, drahtig. Die stand bestimmt auf Frauen und fand Männer verabscheuungswürdig.

Mittlerweile hatten die Ermittler ihre Arbeit aufgenommen und an der Absperrung hatten sich ein paar Schaulustige versammelt. Die Polizei würde nichts finden. Bestimmt nicht. Er hatte sauber entsorgt, darauf geachtet, keine Spuren zu hinterlassen. Er hatte das zwar zum ersten Mal gemacht, aber er war ja kein Idiot. Im Gegenteil. Damals an der Uni hatte er in einem Test einen IQ von 115 attestiert bekommen. Hätte er nur nicht diese beschissene Prüfungsangst. *Hätte, hätte hat noch nie jemandem etwas gebracht,* war ein Lieblingsspruch seiner Mutter gewesen.

Sein Blick kehrte zurück in die Gegenwart, seine Augen fixierten noch einmal den Abfallbehälter. Nein, er hatte nichts zu befürchten, da war er sich sicher. Außer vielleicht einen Bandscheibenvorfall. Er kratzte sich am Rücken, seine Haut hörte nicht auf zu jucken und die Schmerzen wurden schlimmer. Es war an der Zeit, seine kleine Thai aufzusuchen.

Langsam verließ er den Hauseingang und ging die Straße in die andere Richtung hinunter. Selbst beim Gehen verspürte er Schmerzen, sie zogen in sein Bein. Er konnte nicht stehen, nicht gehen, nicht sitzen oder liegen. Vielleicht hätte er sich gleich mit in den Container betten sollen.

Möglicherweise ist die Bandscheibe ja gar nicht die Schmerzursache, schoss es ihm in den Kopf. Vielleicht ist es der Ischiasnerv. Seine Mutter hätte das gewusst. Sie hatte alles gewusst. Für einen kurzen Moment blickte er in den Himmel.

Er setzte sich in sein Auto, das er zwei Straßen weiter geparkt hatte, und fuhr los. Als er ein bekanntes Lachen im Radio hörte, drehte er den Ton lauter.

Ich muss ja gestehen, die Idee hatte meine Frau, der gehören die Lorbeeren. Wobei das bestimmt nicht ganz uneigennützig war, denn so war sie mal gezwungen, vor allem ihren Schuhschrank auszusortieren. Frauen und Schuhe, Sie wissen schon!

Wieder dröhnendes Lachen.

Auf jeden Fall ist der Ladys-Flohmarkt unserer Kanzleidamen bestens angekommen. Dazu die Street-Food-Stände der ortsansässigen Gastronomen – das hat alles hervorragend gepasst.

Und an diesem Tag, den Sie für unsere Spendenaktion für Flüchtlingsprojekte in Bielefeld veranstaltet haben, ist unterm Strich wie viel zusammengekommen?, fragte der Moderator.

5.342 Euro! Das hat uns wirklich gefreut! Hätte ich früher gewusst, dass im Trödeln so viel Potenzial steckt, hätte ich mir das Jurastudium gespart!

Und erneut das Lachen.

Aber wissen Sie, ich mag keine krummen Zahlen, das ist so ein Tick von mir – und deshalb habe ich mit unserer Hausbank gesprochen. Gemeinsam mit der Stiftung der Bank runden wir den Betrag auf 20.000 Euro auf!

Das ist doch mal ein Wort! Dresing & Partner aus Bielefeld und die Deusparcom spenden für die Flüchtlingshilfe – und das können Sie auch!

Im Hintergrund wurde ein Geräusch eingespielt, das ihn an einen großen Geldgewinn am Spielautomaten erinnerte.

Schon mit kleinen Beträgen können auch Sie helfen, klicken Sie im Netz auf unsere Seite, dort finden Sie alle Infos, und jetzt geht's weiter mit der besten Musik von Mark Forster ...

Er drehte den Ton leise und suchte einen Parkplatz. Die Thai wartete.

6.

Nur wenige Minuten nachdem Nina wieder draußen gestanden hatte, waren der Notarzt und zwei Streifenwagen eingetroffen. Während das eine Team umgehend das Gelände abgesperrt und Schaulustige in Schach gehalten hatte, hatten sich die anderen beiden Beamten Nina zugewandt. Der Polizist, dessen Uniform am Bauch gefährlich eng saß, stand offenbar kurz vor der Pensionierung. Sein Kollege, deutlich jünger, wirkte hochmotiviert, kam aber kaum zu Wort. Nina hatte sich sofort als Kollegin zu erkennen gegeben und den Beamten erzählt, was passiert war.

»Yasemin Nowak, die die Leiche entdeckt hat, ist oben bei meiner Vermieterin, sie war völlig aufgelöst und steht unter Schock«, schloss sie ihren Bericht.

Der ältere Beamte nickte. »Jau, dann rufen wa ma die Kripo.« Er drehte sich um und ging zurück zum Streifenwagen.

Der jüngere Kollege machte sich ein paar Notizen und wollte Nina gerade eine Frage stellen, als der Ältere ihn aus der Ferne anraunzte. »Kommste oder willste vor der Wuppertaler Kollegin Wurzeln schlagen?«

Mit rotem Kopf folgte der Gescholtene seinem Vorgesetzten.

Der Notarzt hatte mittlerweile offiziell den Tod des jungen Mannes festgestellt. Der Rest war Warten. Auf die Spurensicherung und auf die Kriminalpolizei.

Als ein roter Fiat 500X die Straße herunterrollte, schüttelte Nina langsam den Kopf. Sie hatte nie verstanden, warum man in Wuppertal, Bielefeld oder Wanne-Eickel einen SUV besitzen musste. Die Wahrscheinlichkeit, dass man morgens zur Arbeit durch eine Wüste, Berglandschaft oder über schwer zugängliche Waldwege fahren musste, war in diesen

Breitengraden gering. Und dann ein Fiat 500 als SUV! Wenn schon auf die Kacke hauen, dann richtig. Doch dieses Fahrzeug war irgendwie nicht Fisch und nicht Fleisch.

Als der Wagen vor dem Absperrband hielt und ein dunkelblonder Mann ausstieg, wirkte das Auto auf Nina nicht mehr ganz so schlimm. Diesem Typen hätte sogar ein Smart gestanden. Eine Mischung aus Ryan Gosling und Edward Norton kam auf sie zu, den sie normalerweise nicht von der Bettkante stoßen würde. Aber ein Kollege im Bett war keine gute Idee. Die Lehrstunde hatte sie hinter sich.

»Tim Brüggenthies, Kripo Bielefeld«, er nickte ihr zur Begrüßung zu. »Ich habe gehört, Sie sind eine Kollegin?«

Sie nickte. »Sabbatjahr«, log sie kurz angebunden, das sollte als Begrüßungs-Small-Talk reichen, schließlich waren sie in Ostwestfalen. »Yasemin Nowak, die Betreiberin des Kiosks«, sie deutete auf das Geschäft im Erdgeschoss, »hat die Leiche gefunden. Wir haben leere Kartons in den Müll gebracht, ich habe ihr geholfen. Entsprechend werden Sie unsere Fingerabdrücke an dem Container finden.«

Während Tim Brüggenthies sich Notizen machte, schaute Nina auf seine rechte Hand. Er trug keinen Ehering.

»Frau Nowak kannte das Opfer, sein Vorname soll Adil sein«, fuhr sie fort, »in welcher Beziehung die beiden standen, muss sie Ihnen selbst erzählen, sie sitzt oben bei der Eigentümerin des Hauses und war eben extrem aufgewühlt.«

»In welcher Beziehung stehen Sie zu Yasemin Nowak?« Brüggenthies schaute von seinen Notizen hoch. Seine grünen Augen musterten sie ruhig.

»Ich kenne sie erst seit wenigen Tagen, genauso wie die Vermieterin Dorothee Klasbrummel, ich bin erst am Wochenende hier eingezogen.«

»Alles klar. Bringen Sie mich zu Frau Nowak?«

Nina nickte und er folgte ihr durch das Treppenhaus hoch in Doros Wohnung.

Und täglich grüßt das Murmeltier, dachte sie, als sie mit Brüggenthies das Wohnzimmer betrat und Yasemin sah, die mit verschmierter Wimperntusche weinend auf dem Sofa kauerte. Mit zitternden Händen umklammerte sie eine Tasse Tee, neben ihr saß Dorothee, die tröstend einen Arm um sie gelegt hatte.

Nina ging vor den beiden in die Hocke, legte für einen Moment ihre Hände auf Yasemins Knie und suchte den Blickkontakt. »Das ist Herr Brüggenthies von der Kriminalpolizei, er wird dir jetzt ein paar Fragen stellen«, sagte sie leise.

Yasemin nickte kaum sichtbar.

»Frau Nowak, Sie kannten das Opfer?«, begann Brüggenthies seine Befragung.

Yasemin schluchzte leise und nickte wieder.

»Ist er tot?« Sie hob ihren Kopf und schaute Tim Brüggenthies zum ersten Mal an.

»Ja, es tut mir leid, Frau Nowak, er ist tot.«

Yasemin vergrub den Kopf in ihre Hände. »Das wird seine Mutter nicht überleben, sie ist so stolz auf ihn.«

»Frau Nowak, in welchem Verhältnis standen Sie ...«, setzte Tim Brüggenthies erneut an.

»Ich habe seiner Mutter die Haare geschnitten. Ich hab früher in der Altstadt im Friseurladen gearbeitet. Seine *anne* ist so stolz auf ihn«, sagte sie noch einmal, als ob es etwas ändern würde, als ob die Nachricht von seinem Tod dann nicht wahr sein konnte. »Er hat als Erster in der Familie studiert, obwohl sein Vater das nicht wollte. Und dann hat er letztes Jahr den Job in der Kanzlei gekriegt.«

Also Anwalt, dachte Nina, das passt.

»Wissen Sie den Namen der Kanzlei?«

Yasemin schüttelte den Kopf. »Die Kanzlei ist in der Altstadt am Markt. Aber das war wohl dann doch nicht so toll da, erzählte seine *anne*. Am Anfang war er total begeistert, das ließ dann aber wohl extrem nach.«

»Wie heißt Ihr Freund mit Nachnamen?«

»Er war nicht mein Freund, ich hatte nichts mit ihm.«

»In Ordnung. Sein Nachname, Frau Nowak?«

»Ach so. Durmaz. Adil Durmaz.«

»Vielen Dank. Das war's fürs Erste.« Brüggenthies nickte Nina zu und sie begleitete ihn zur Tür.

»Welche Dienststelle?« Brüggenthies drehte sich am Treppenabsatz noch einmal um.

»Was?«

»Wo ist Ihre Dienststelle? Sie kommen nicht von hier wech.«

Aber du, dachte Nina und schmunzelte. In Ostwestfalen kam man nicht *her,* sondern *wech.*

»Nein. Also doch. Also nein.« Souverän wie eine Zwölf-jährige, schalt sie sich innerlich. »Wuppertal. Ich arbeite in Wuppertal im Streifendienst. Ich bin aber in Bielefeld auf-gewachsen.«

»Wann waren Sie das letzte Mal auf der Alm?«

»Ähem …«

»Ich könnte Sie auf dem kurzen Dienstweg in der Halb-zeit auf den laufenden Stand der Ermittlungen bringen. Arminia spielt am Samstag.«

Du gehst aber ganz schön ran, dachte Nina.

»Ich weiß noch nicht, ob ich …«

»Da steht meine Nummer drauf, ruf mich an.« Brüggen-thies gab Nina seine Visitenkarte und ließ sie ohne ein wei-teres Wort stehen.

Verdutzt kehrte sie ins Wohnzimmer zurück.

»Auch einen Tee? Komm, ich gieße dir in der Küche eine Tasse ein.«

Nina folgte Dorothee und nahm dankbar die dampfende Tasse entgegen.

»Er hat übrigens einen ganz schönen Knackarsch, dein Herr Brüggenthies. Ich an deiner Stelle würde die Einladung ins Stadion annehmen«, flüsterte Doro, sodass Yasemin es nicht hören konnte.

Es ärgerte Nina, dass ihre Wangen heiß wurden. Als Jugendliche hatte sie gehofft, dass ihr das nicht mehr passieren würde, wenn sie erst einmal erwachsen wäre. *Erwachsen.* Für sie war das Wort als Kind eine Art Verheißung gewesen. Ein besserer Ort, an dem sie irgendwann ankommen und an dem dann alles gut werden würde. Niemand könnte ihr noch Vorschriften machen, niemand würde sie mehr hänseln. Mit Mitte zwanzig war ihr eines Abends auf einer Party, als sie in der Küche stehend eine Bierflasche an den Mund setzte, aufgegangen, dass sie jetzt wohl schon einige Jahre offiziell erwachsen war, von *einfacher* aber insgesamt gesehen keine Rede sein konnte. Danach hatte sie das Bier gegen Wodka eingetauscht. An das Ende der Party konnte sie sich nicht erinnern.

»Ach, Quatsch. Ich kann im Moment keinen Mann in meinem Leben gebrauchen. Vielleicht gehe ich mit auf die Alm, aber dann nur, um Infos über den Fall zu kriegen.«

»Ganz wie du meinst.« Dorothee zwinkerte ihr zu und schob sie aus der kleinen Küche hinaus zurück ins Wohnzimmer.

Eine Weile saßen die drei Frauen schweigend auf dem Sofa und starrten vor sich hin. Draußen war es mittlerweile dunkel geworden, die Straßenlaterne vor dem Haus brannte. Nina drehte die Visitenkarte in ihren Händen, strich sie glatt und steckte sie in ihre Gesäßtasche.

»Glaubst du, es gibt einen Zusammenhang zwischen dem Mann, der Yasemin terrorisiert, und dem Mord?«, durchbrach Dorothee die Stille und schaute Nina an.

»Ob es Mord war, lassen wir erst mal die Kripo herausfinden.«

»Was soll das denn sonst gewesen sein?«, fragte Yasemin aufgebracht.

Nina schloss für einen Moment die Augen. Sie stellte sich eine Bergkuppe vor. In den Alpen. Mit viel Schnee. »Und nein, keine Angst. Yasemin kannte Adil nur vom Sehen. Sie hatte ja keine enge, emotionale Bindung zu ihm. Das eine hat mit dem anderen nichts zu tun. Der Typ, der ihr das Leben schwermacht, ist wahrscheinlich ein Verflossener. Erst die Pralinen, dann die verwelkten Rosen. Das spricht für enttäuschte Erwartungen. Aber deshalb über Leichen gehen? Nein.«

Das sagte sie nicht, um die beiden zu beruhigen, sie war davon überzeugt. Sie mochte das Wort *Intuition* nicht, es klang ihr zu esoterisch, sie bevorzugte *Instinkt*. Auf ihren Instinkt hatte sie sich bislang verlassen können. Doch sie wusste auch, dass sie nie eine wirklich gute Polizistin sein würde. Dafür war sie viel zu impulsiv und war deshalb schon mehr als einmal angeeckt. Nina blickte zu Yasemin hinüber, die sich ihren Daumen blutig kratzte, ohne dass sie es zu bemerken schien. »Du solltest heute nicht alleine bleiben«, sagte Nina. »Ich würde dir ja meine Schlafcouch anbieten, wenn ich eine hätte, aber ich habe noch nicht einmal mein eigenes Bett aufgebaut.«

»Yasemin, du bleibst bei mir, das ist doch selbstverständlich. Und jetzt hole ich uns mal was richtig Starkes.« Dorothee ging zu dem einzigen Schrank im Wohnzimmer, der nicht mit Krimis vollgestopft war, und nahm eine Flasche Gin heraus. »An Tagen wie diesen reicht Tee einfach nicht.«

7.

Er parkte sein Auto im Hinterhof und ging hinauf in den zweiten Stock. Seit er wusste, dass er in absehbarer Zeit ein neues Zuhause haben würde, ärgerte er sich nicht mehr über die rissige Hausfassade und das schäbige Treppenhaus. Bald gehörte seine Wohnung in der Detmolder Straße im Osten der Stadt der Vergangenheit an. Er hätte schon längst in einem besseren Haus wohnen können, aber für ihn alleine hatte es hier gereicht, er hatte sein Geld lieber gespart, um seinem Engel ein gutes Leben bieten zu können.

Selbst seinen Nachbarn, der unter ihm wohnte und der von März bis Oktober fast jeden Tag grillte, konnte er in der letzten Zeit besser ertragen. Er hatte keine Ahnung, was der auf seinen Grill legte. Gutes Fleisch war das nicht, so viel verriet der Gestank, der ständig in seine Wohnung zog. Zunächst hatte er es freundlich versucht. Hatte den Nachbarn im Treppenhaus angesprochen und ihn gebeten, vielleicht etwas weniger zu grillen und nicht ohne Vorwarnung, damit er die Fenster rechtzeitig schließen konnte. »Kümmer dich um deinen eigenen Scheiß, das hier ist ein freies Land, Mann!«, war die Antwort gewesen. Er hätte wissen müssen, dass er bei dieser gescheiterten Existenz mit ungepflegtem Bart und fleckigem gerippten Shirt mit Freundlichkeit nicht weit kam. Also hatte er sich tags darauf um seinen eigenen Scheiß gekümmert und einen Eimer Wasser von seinem Balkon auf den Grill des Nachbarn geschüttet. Das war als Kriegserklärung aufgefasst worden.

Als der Zwei-Meter-Hüne gegen seine Tür ballerte und den Flur zusammenschrie, wurde ihm etwas mulmig, aber die Holztür hielt stand. Am nächsten Morgen waren die Reifen seines Autos platt. Er revanchierte sich mit lebenden Mehlwürmern im Briefkasten. Selbst die würden gegrillt besser riechen als das Fleisch des Nachbarn.

Nun wartete er auf den nächsten Gegenschlag. Er würde sich eine Waffe besorgen müssen. Nicht, weil er die Absicht hatte, sie zu benutzen. Er wollte sie für den Fall der Fälle zur Abschreckung bei sich wissen. Bei diesem Typen und seinen Harley-Freunden wusste man nie. Er kannte jeman-

den, der ihm noch einen Gefallen schuldete und ihm eine
Waffe besorgen konnte. Darin war er gut. Menschen in seiner Schuld stehen zu lassen.

Wie immer hängte er seinen Schlüsselbund an den Haken,
zog seine Schuhe aus und stellte sie auf Linie nebeneinander.
Die Thai hatte gute Arbeit geleistet, die Schmerzen beim
Bücken waren jetzt erträglich. Sein Portemonnaie legte er
auf die kleine Flurkommode. Er liebte Ordnung. Ordnung
beruhigte.

Sein Telefon klingelte in dem Moment, als er im Adress-
buch nach dem Namen seines Kontaktmanns für den Waf-
fenkauf suchte.

Er wischte das grüne Hörersymbol zur Seite, nahm das
Smartphone an sein Ohr und wartete.

»Ein Altpapiercontainer?« Ihre Stimme klang angespannt.

»Ich habe wie besprochen die Flasche danebengelegt. Ansonsten werden sie nichts finden«, antwortete er ruhig und
schob »Mach dir keine Sorgen« hinterher.

»Aber wieso denn ausgerechnet eine Mülltonne! Und
dann in einer Wohnsiedlung! Hätte es keinen klügeren …
Allein wegen des Fundortes wird es doch bundesweite
Schlagzeilen geben!«

Er schwieg.

»Entschuldige. Du hast ja recht. Drogen. Alles wird nach
Drogen aussehen. Mich haben die Nachrichten gerade offensichtlich nur nervös gemacht. Sorry.« Er hörte sie tief
durchatmen. »Ich stehe in deiner Schuld.«

Er nickte, auch wenn sie es nicht sehen konnte.

»Ich werde dich großzügig beschenken, glaub mir, und ich
weiß auch schon, womit ich dir eine Freude machen kann.«

»Das musst du nicht.« Aber du solltest, es wäre eine faire
Entlohnung für meine Loyalität, dachte er.

»Komm nach deinem Urlaub direkt in mein Büro«, ignorierte sie sein höfliches Abwiegeln.

»Soll ich jetzt wirklich Urlaub machen?«

»Natürlich. Du machst jedes Jahr um diese Zeit deinen großen Urlaub und wir sollten gerade jetzt nichts tun, was ungewöhnlich wirkt. Außerdem habe ich bereits für den Monat einen Ersatzfahrer organisiert.«

Er nickte wieder. »In Ordnung. Bis dann.« Er legte auf. Vier Wochen Urlaub. Das war gut. Er hatte einiges zu erledigen.

8.

Als sie die Tür aufschloss, schlug ihr der Geruch entgegen, der sie immer wieder auf Neue anekelte. Vergeblich hatte Nina versucht, ihn aus der Wohnung zu vertreiben. Ranzige Butter. Der Geruch erinnerte sie an ranzige Butter und an ungewaschene Füße.

»Hetta, ich bin's.«

Ihre Mutter antwortete nicht, Nina hörte auch keinen Fernseher. Sie ging durch den Flur in Richtung Schlafzimmer, die Tür war angelehnt.

»Mama?« Nina stieß die Tür auf. Ihre Mutter lag im Dunkeln angezogen auf dem Bett, rauchte und starrte an die Decke. Die Luft roch nach Schlaf, altem Schweiß und Zigarettenqualm. Nina blieb an der Tür stehen und blickte auf die Glut der Zigarette, die orange aufleuchtete, wenn Hetta einen Zug nahm.

»Kein guter Tag?«, sagte sie nach einer Weile. Sie meinte zu sehen, wie ihre Mutter leicht den Kopf schüttelte. Langsam ging Nina zum Fenster, kippte es und setzte sich auf die Bettkante. Es kostete sie viel Überwindung, nicht die Jalousie hochzuziehen.

»Wir beide zusammen in einer Wohnung, das klappt nicht. Dafür sind wir zu dickköpfig. Aber ich bin in Bielefeld und bleibe hier. Und ich kümmere mich um dich«, sagte Nina mit sanfter Stimme.

Ihre Mutter schwieg. Zog erneut an ihrer Zigarette. Die Asche ließ sie ins Bett fallen.

»Wann hast du das letzte Mal etwas gegessen? Hast du deine Tabletten genommen?«

Keine Antwort.

Stille.

Dunkelheit.

»Hast du schon von der Leiche im Altpapiercontainer gehört? Die habe ich zusammen mit einer jungen Frau gefunden, die den Kiosk in dem Haus betreibt, in dem ich wohne«, wechselte Nina das Thema.

»Hast du ihn um die Ecke gebracht, weil er dir auf die Nerven gegangen ist?«, reagierte ihre Mutter endlich.

»Witzig, Mama.«

Hetta nahm die Schachtel und zündete sich eine neue Zigarette an.

»Ein junger Türke, Anwalt. Mehr weiß ich noch nicht. Yasemin, die junge Frau, kannte seine Familie flüchtig«, führte Nina weiter aus.

»Ich glaube, es gibt keine größere Qual für eine Mutter, als ein Kind zu verlieren.«

»Ich hatte manchmal den Eindruck, du wärst froh gewesen, wenn es mich nicht gegeben hätte«, entgegnete Nina leise.

»Du hast lange keinen solchen Scheiß geredet.« Hetta starrte weiter an die Decke.

»Hast du heute Morgen deine Tabletten genommen?«, versuchte Nina es erneut.

»Ich weiß es nicht.«

»Das geht nicht, du musst deine Tabletten nehmen. Sonst wird alles nur schlimmer.«

»Ist mir doch egal.«

»Siehst du. Das meine ich. So, und jetzt stehst du auf,

setzt dich an den Küchentisch. Ich bestelle uns Gyros mit viel Zaziki. Ich weiß, dass du das liebst. Und während wir darauf warten, beziehe ich dir dein Bett neu. Das ist echt ekelhaft.« Sie zupfte mit Daumen und Zeigefinger an der Bettdecke.

»Ich habe gerade angefangen, mich drin wohlzufühlen.« Ihre Mutter drehte sich mit dem Kopf zu ihr und grinste schief.

»Steh jetzt auf, du blöde Kuh«, entgegnete Nina. »Ich hab dir Eierlikör mitgebracht.«

Nina atmete tief durch, als sie drei Stunden später mit einem Karton, der mit ihren CDs und einer kleinen Kompaktanlage beladen war, die Wohnungstür ihrer Mutter hinter sich ins Schloss fallen ließ. Eigentlich hatte sie die Anlage für Hetta dalassen wollen, aber die hatte ihr den Karton wie ein trotziges Kind hingestellt und gemeint, halbes Ausziehen käme bei ihr nicht infrage.

Ihre Zunge fühlte sich pelzig an. Sie hasste Zaziki-Geschmack. Die drei Gläser Milch, die sie getrunken hatte, hatten nichts bewirkt, auch wenn ihre Oma immer behauptet hatte, Milch helfe gegen Knoblauchgeschmack. Aber Hetta hatte nun wenigstens ein frisch bezogenes Bett, saß vor dem Fernseher und lag nicht mehr in ihrem dunklen Schlafzimmer. Nina würde einen Pflegedienst beauftragen müssen, der darauf achtete, dass ihre Mutter morgens und abends regelmäßig ihre Medikamente nahm. Es würde ein mühsamer Kampf werden. Dafür hatte sie an diesem Tag nicht die Kraft. Beim nächsten Besuch würde sie es ansprechen.

Bestimmt.

Vielleicht.

Sie zuckte zusammen, als ihr Klingelton, *Eye of the Tiger*, plötzlich lautstark durch das leere Treppenhaus schallte. Beim Versuch, ihr Handy mit der einen Hand aus ihrer Gesäßtasche zu holen und mit der anderen den Karton zu balancieren, fiel der zu Boden. Der Klang des Aufpralls ließ vermuten, dass ihre Anlage zukünftig keine CDs mehr abspielen würde. Ärgerlich schaute sie auf ihr Display, auf dem *Unbekannte Nummer* aufleuchtete. Sie überlegte, nicht dranzugehen, ihre Neugierde aber gewann.

»Hallo?«, blaffte sie ins Handy.

»Ui, begrüßt man in diesem Tonfall die Menschen in Wuppertal?«, hörte sie eine männliche Stimme.

»Wer ist denn da?«, entgegnete sie, immer noch gereizt.

»Tim Brüggenthies, der Mann, der jetzt fast Angst davor hat, dich an das Fußballspiel am Wochenende zu erinnern.«

»Woher hast du meine Nummer?«

»Ich bin Polizist, ich kriege alle Nummern heraus, die ich wissen will.« Sie hörte sein Schmunzeln durch den Hörer.

»Aha.« *Aha?* Ging es noch dämlicher? »Habt ihr schon den Obduktionsbericht vorliegen?«, wechselte sie auf sicheres Terrain.

»Das erzähle ich dir gerne auf der Alm. Samstag, 12:30 Uhr, Eingang Süd. Bis dahin, Frau Gruber.«

Es klickte in der Leitung. Nina öffnete ihren Mund, schloss ihn wieder und schaute ungläubig auf ihr Display. Ihr gefiel diese Kaltschnäuzigkeit. Einerseits. Andererseits hatte sie gerne die Zügel in der Hand.

Draußen nahm sie die CDs aus dem Karton und schmiss die Anlage samt Verpackung in den Restmüll. Hinter dem rechten Fenster in der zweiten Etage flimmerte Hettas Fernseher. Ein nagelneuer Smart-TV, 60 Zoll. Ihr ganzes Leben lang hatten Hetta Geldsorgen geplagt, wenigstens die spielten nun keine Rolle mehr. Immer war das Geld bei der alleinerziehenden Mutter knapp gewesen. Immer war für sie das Leben Kampf gewesen, auch schon vor ihrer Krankheit. Ein Kampf gegen den Ex. Gegen ihre enttäuschten Erwartungen. Gegen den Alkohol.

Hetta gegen den Rest der Welt.

Vor einigen Jahren hatte Hettas Patentante ihr dann die Eigentumswohnung in Schildesche und eine beträchtliche Summe Geld vererbt. Nina wusste immer noch nicht genau, wie viel. Sie erinnerte sich an das Telefonat, welches sie mit ihrer Mutter kurz nach der Testamentseröffnung geführt hatte, in dem sie von ihrem Besuch beim Bankberater erzählt hatte. »Derselbe Wichser, der mich damals wie ein Stück Scheiße behandelt hat, als ich den Kleinkredit aufnehmen wollte – erinnerst du dich, du warst zehn? –, derselbe ist mir heute Morgen so tief in den Arsch gekrochen, dass er oben an meiner Gurgel wieder rauskam!«

Nina war froh gewesen, nicht bei diesem Gespräch dabei gewesen sein zu müssen. Wie oft hatte sie sich als Kind für ihre Mutter geschämt. Wie oft hatte Hetta sie blamiert. Freunde nach Hause einzuladen, hatte Nina vermieden.

Sie stieg in ihren Golf und fuhr aus der Wohnsiedlung heraus auf die Talbrückenstraße. Auf der rechten Seite lag der Obersee, in dem Baden wegen der schlechten Wasserqualität verboten war, der aber von Spaziergängern und Joggern eifrig umrundet wurde. Der See befand sich nur einen Katzensprung von Hettas Wohnung entfernt. Doch ihre Mutter war mit Sicherheit noch kein einziges Mal dort spazieren gegangen, seit sie hier lebte. Beim nächsten Besuch würde sie Hetta überreden, mit ihr um den See zu laufen. Die frische Luft, das Wasser, es würde ihr guttun. Ja, beim nächsten Mal würde sie es versuchen.

Bestimmt.

Vielleicht.

Nina stellte ihr Auto in der Siegfriedstraße ab und sah, dass Yasemins Kiosk noch geöffnet hatte. Hinter der Theke stand aber nicht die Kioskbesitzerin, sondern Berkan, Yasemins Cousin, der einsprang, wenn sie ihn darum bat.

»Und, noch viel los?«, fragte Nina, während sie sich einen Eistee aus dem Kühlschrank nahm.

»Nee, ein, zwei Typen, alles easy.«

»Wie geht's Yasemin?«

Berkan grinste. »Alter, der hat sie mit voll dem fetten Auto abgeholt! Ein Benz.«

»Wer, ihr Date?«

»Ja, aber dafür könnte er auch ihr Opa sein, voll aso, ey.«

»Soso.« Nina hatte den Eindruck, dass sie sich sprachlich erschreckend schnell wieder an ihre Heimat angepasst hatte.

Aha.

Soso.

Sie zahlte und nickte Berkan zu. »Halt durch. Noch zwei Stunden bis Mitternacht.«

Er nickte zurück und schaute wieder auf sein Handydisplay.

In ihrer Wohnung riss sie die Fenster auf und setzte sich mit ihrem Eistee in der Hand auf den überdachten Balkon. Für den Nieselregen, der einsetzte, war sie dankbar, es war den ganzen Tag lang schwül gewesen. Sie massierte sich die Schläfen. Es war gut, dass Yasemin unterwegs war, das würde sie ablenken. Vier Tage waren seit dem Leichenfund vergangen und natürlich redete Yasemin von nichts anderem. Vielleicht wusste Brüggenthies übermorgen schon mehr. Es könnte ein Spiel mit dem Feuer werden. Aber mit den Jahren war sie eine Meisterin in diesem Spiel geworden.

Wie kann man nur so abgebrüht sein? Was stimmt denn mit dir nicht? Du schmeißt die letzten drei Jahre einfach weg? Machst Schluss, weil ich den nächsten Schritt gehen will?

Sie erinnerte sich noch genau, wie sie bei dem Knall zusammengezuckt war, den seine Faust auf dem Küchentisch verursacht hatte. Nina hatte seine Wut verstanden und es hatte sie alle Kraft gekostet, nicht weich zu werden, ihm nicht hinterherzurennen und um Verzeihung zu bitten, als er die Wohnung verließ. Sie hatte ihn geliebt. Aber sie war eben nicht gemacht für Heirat, Kinder und Hausbau. Allein der Gedanke daran schnürte ihr die Kehle zu. Nina war erleichtert gewesen, als er sich wenig später hatte versetzen lassen.

In einem Zug leerte sie den Rest des Eistees und ging in das Innere der Wohnung. Ihre Augenlider wurden schwer. Sie schlüpfte aus ihren Turnschuhen, zog sich aus und legte sich nackt auf ihr Futonbett. Durch das geöffnete Fenster kam frischer Wind herein und strich über ihren Körper. Innerhalb weniger Minuten war sie eingeschlafen.

9.

Das schrille Geräusch riss Nina aus dem Schlaf. Die Türklingel weckte Tote auf. Wie spät war es überhaupt? Das ungeduldige Geklingel ließ sie nicht zum Denken kommen. Sie blickte auf den Wecker. Es war halb acht. Ohne sich etwas überzuziehen, ging sie durch ihre Wohnung zur Gegensprechanlage.

»Hallo?«

»Ich bin's. Er war schon wieder da.« Yasemins Stimme klang angespannt.

»Warte, ich zieh mich schnell an und komme runter.«

Yasemin stand draußen vorm Kiosk und starrte auf die Fassade. *Kauft nicht bei dieser verlogenen Hure!*, hatte jemand in Rot auf das Schaufenster gesprüht.

Schweigend strich Nina über die Farbe. »Mit etwas Glück kriegen wir das mit Verdünnung weg. Aber erst mal brauchen wir einen Kaffee.« Sie blickte in Yasemins blasses Gesicht. »Komm, schließ auf, du bist spät dran.«

»Ich kann doch jetzt nicht den Kiosk …«

»Natürlich kannst du! Oder willst du, dass der Arsch gewinnt? Du lässt dich nicht einschüchtern. Ich bin hier, es wird nichts passieren. Schmeiß die Kaffeemaschine an, ich besorge in der Zeit Reinigungsmittel.«

Als sie kurze Zeit später wiederkam, saß Yasemin mit einer Kaffeetasse neben sich auf der Bank vor ihrem Kiosk. Sie hatte sich eine Zigarette angezündet und knetete den Filter zwischen ihren Fingern. »Dein Kaffee steht auf der Theke. Mit Zucker.«

Nina nickte, stellte einen mit Putzmitteln gefüllten Eimer vor Yasemin ab und holte sich ihre Tasse nach draußen. »Dorothee hat mir alles mitgegeben, was sie hatte. Lass uns gleich anfangen. Zigaretten helfen übrigens nicht gegen Schmierereien, sorgen aber für Krebs.«

Yasemin verdrehte die Augen. »Ja, Mama.«

Gemeinsam schoben sie die Bank weg und machten sich an die Arbeit.

»Das hier ist etwas Persönliches«, durchbrach Nina die Stille, während sie über das *nicht* schrubbte. »Schreib mir mal die Namen der Typen auf, am besten mit Adresse, mit denen du dich im letzten Jahr getroffen hast.«

Yasemin blickte sie mit weit aufgerissenen Augen an. »Alle?«

»Hast du dafür nicht genug Papier?«

»Doch, aber ich weiß nicht, ob ich noch alle Namen zusammenkriege. Also, die von den Guten schon …«

Sie prusteten zeitgleich los.

»Hömma, was ist das denn für eine Schweinerei?«, hörten sie eine männliche Stimme hinter ihnen.

»Heinz, ist der Tabak schon wieder zur Neige gegangen? Und soll's auch ein belegtes Brötchen sein?«, begrüßte Yasemin ihren Stammkunden. »Zum Nackenausrasieren musst du morgen wiederkommen, du siehst ja, ich bin gerade beschäftigt.« Sie deutete auf das Schaufenster. »Das waren wohl irgendwelche doofen Blagen aus der Nachbarschaft«, schwindelte sie.

Heinz brummelte etwas Unverständliches vor sich hin und folgte Yasemin in den Kiosk. Als er mit seinen Einkäufen wieder hinaustrat, stieß er beinahe mit Erika zusammen, die mit großen Augen auf das Schaufenster blickte und Nina zur Begrüßung zunickte. »Yasemin, Schätzchen, was ist hier passiert?«

»Ach, nichts weiter, du weißt doch, hier gibt's jede Menge Kneipen in der Ecke und irgendwelche Blagen haben's wohl mit dem Alkohol übertrieben.«

»Das kannst du vielleicht deiner Großmutter erzählen, aber nicht mir!« Sie blickte auf den verschmierten Satz, den man immer noch lesen konnte. »Das ist doch was ...«

»... Persönliches.« Nina nickte Erika zu.

Heinz brummelte erneut vor sich hin.

»Nina!« Yasemin schaute sie entrüstet an.

»Es kann doch nicht schaden, wenn die beiden auch ab und an einen Blick auf den Kiosk werfen, man weiß ja nie. Und wenn Ihnen etwas auffällt, lassen Sie es mich wissen. Ich bin Polizistin«, spielte Nina ihre goldene Karte aus und fügte schnell hinzu: »Allerdings im Sabbatjahr.«

Die beiden nickten.

»Soso, Polizistin, sehr schön! Es wird ja immer schlimmer. Da werden Leichen im Altpapiercontainer abgelegt und Hauswände beschmiert«, sagte Erika, »da müssen wir zusammenhalten!«

Nun brummelte Heinz zustimmend.

Nachdem die beiden sich verabschiedet hatten, schrubbten Nina und Yasemin weiter das Schaufenster. »Hat dieser Bulle, dieser Brüggendings sich noch mal gemeldet?«

»Brüggenthies«, verbesserte Nina.

»Meinetwegen. Auf jeden Fall der Typ, der dich mit seinen Blicken ausgezogen hat. Hat er?«

»Der mich mit seinen ... So ein Quatsch. Und wieso sollte der sich noch mal melden?«, spielte Nina die Ahnungslose.

Yasemin verdrehte die Augen. »Doro hat mir erzählt, dass er dich mit zum Fußball nehmen will.«

»Ja, ich treffe mich morgen mit Brüggenthies auf der

Alm«, gab Nina widerwillig zu. »Das mache ich nur dir zu-
liebe. Dann wird er mir vielleicht etwas zu den laufenden
Ermittlungen sagen.«

Yasemin hockte sich auf die Holzbank und zündete sich
eine Zigarette an. Sie pustete den Rauch kraftvoll aus. »Adil
war ein wirklich guter Typ. Seiner Mutter hat man das Herz
rausgerissen.« Sie nahm einen erneuten Zug. »Das ist so
schrecklich, was da passiert ist. Und der, der dafür verantwortlich is', muss dafür für immer in den Knast kommen.«
Yasemin blickte Nina eindringlich an.

So ernst hatte sie die quirlige Kioskbesitzerin noch nie reden hören. Nina setzte sich neben sie auf die Bank. »Nach
dem Spiel wissen wir mehr.«

10.

Sein CD-Schrank war nun porentief rein. Selbst Spurensi-
cherer könnten sicherlich kein einziges Staubkorn mehr
ausfindig machen. Auch seine Küchenschränke waren blitz-
blank sauber. Das Besteckfach, in dem sich Krümel und
kleine Staubkörner gesammelt hatten, hatte er ebenfalls
ausgewischt. Wobei er sich schon so oft gefragt hatte, warum diese Fächer überhaupt dreckig wurden. Man legte doch
sauberes Besteck hinein!

Er versuchte, sich zu entspannen. Aufräumen hatte ihn
schon immer beruhigt, doch nun gab es nichts mehr, was er
noch hätte aufräumen können. Die Haut seiner Hände war
von den Reinigungsmitteln gerötet. Er blickte auf die Uhr.
Es war sechzehn Uhr. Langsam stand er auf, sein Rücken
meldete ihm, dass er zu lange vor dem CD-Schränkchen
gehockt hatte. Er legte seine Hände stützend in den Len-
denwirbelbereich und streckte sich vorsichtig. Etwas un-
schlüssig stand er da und beschloss dann, sich einen Kaffee

zu machen. Im Kühlschrank hatte er noch ein kleines Stück Platenkuchen, das würde er dazu essen. Er könnte sich auch mal wieder einen Zigarillo gönnen. Das Paffen würde ihn bestimmt entspannen.

Noch immer schlief er unruhig.

Noch immer kriegte er die Bilder nicht aus seinem Kopf.

Pöck.

Es würde besser werden, er musste nur noch weiter Geduld haben.

Die Kaffeemaschine knatterte und röchelte, das Wasser in dieser Gegend war kalkhaltig. Deshalb reinigte er seine Wasserhähne und Armaturen im Badezimmer regelmäßig mit Essigwasser. Seine Mutter hatte ihn gelehrt, dass dies das beste und preiswerteste Hausmittel gegen Kalkflecken war. Und es roch danach auch wirklich sauber. Er mochte den Geruch von Essigwasser.

Er goss sich eine Tasse Kaffee ein und ließ ein Stück Würfelzucker hineinplumpsen. Seine Mundwinkel zuckten kurz nach oben, als eine Erinnerung in seinen Kopf schoss. Nie zuvor und nie danach war ein Kaffeefleck so lukrativ für ihn gewesen wie jener im Sommer 1997. Als ihn im Gang zwischen der Jura- und Geschichts-Fakultät oben auf der Galerie Beate angerempelt und ihm mit ihrem Kaffee sein blaurot kariertes Hemd versaut hatte.

Er war im vierten Semester gewesen und ein Außenseiter. Der Ossi, der nirgends punkten konnte: Er war nicht sportlich, hatte keine reichen Eltern, war weder ein Frauenheld noch besaß er einen extravaganten Kleidungs- oder Musikgeschmack. Der Kaffee verfügte über eine beeindruckende Streuweite, er hatte sich auf seine rechte Wange, den Ärmel und seine Hand verteilt. Er hatte noch gar nicht richtig realisiert, was passiert war, als er Beate schon fluchen hörte. In jenem Moment wusste er nicht, was er schlimmer fand. Die Aussicht, während der letzten beiden Vorlesungen des Tages mit einem fleckigen und nach Kaffee stinkenden Hemd dazusitzen, oder dieses schrille Jammern, das ihn an ein verletztes Tier erinnerte. Er kannte Beate aus den Jura-Vorlesungen. Die knallte ihren halb leeren Becher in jenem Moment wütend auf einen der kleinen Tische, die reihenweise in den Gängen an den Balustraden angebracht worden waren. Ein Buch war ihr vor Schreck aus der linken Hand gefallen, die anderen drei legte sie hektisch neben dem Becher ab.

Sie bückten sich gleichzeitig nach dem heruntergefallenen Buch und stießen mit ihren Köpfen aneinander.

»Aua, was ist das nur für ein Scheißtag!«, fluchte Beate und rieb sich die Stirn, während sie sich aufrichtete.

»Entschuldigung«, murmelte er.

»Nein, nein, ich muss mich ja entschuldigen«, winkte sie ab und deutete auf sein Hemd. Sie hockte sich auf den Stuhl und atmete schwer aus. Erst jetzt fiel ihm auf, dass ihre Augen verweint aussahen.

»Eigentlich wäre ein Kakao gerade das perfekte Getränk für dich.« Er war über sich selbst erstaunt gewesen, dass er ein Gespräch mit ihr angefangen hatte.

Beate zwinkerte kurz mit ihren Augen, so als müsse sie ihren Blick scharf stellen, um ihn richtig wahrzunehmen.

»Hm?«

»Wenn man traurig ist, sollte man einen richtig guten Kakao trinken, der macht wieder glücklich. Kaffee ist da das falsche Getränk. Aber es sollte ein guter Kakao sein, einer, für den man sich bei der Zubereitung Zeit nimmt, das Pulver langsam in die warme Milch einstreut und viel dabei rührt. Nicht der Kakao aus diesen Dingern.« Er deutete auf den Getränkeautomaten, der zehn Meter entfernt stand und in dem Kaffee, Kakao und heiße Brühe durch eine Leitung liefen.

»Am besten einer, den die Mutter zubereitet hat«, sagte er leise und fürchtete gleichzeitig, dass sie ihn auslachen würde.

Doch sie lächelte nur. »Ich glaube nicht, dass meine Mutter dafür die Richtige wäre. Ich zahle dir natürlich die Reinigung.« Beate zeigte auf den Kaffeefleck und er blickte auf ihr perfektes Outfit, auf ihre schicke weiße Bluse, ihre Uhr mit kleinen Glitzersteinchen auf dem Zifferblatt und auf ihre Jeans, die bestimmt mehr gekostet hatte als seine ganze Kleidung zusammen.

»Ach das.« Er winkte ab. »Egal.«

»Warum seid ihr Männer eigentlich so Arschlöcher?«, platzte es unvermittelt aus ihr heraus.

Er stammelte etwas wie »Ähem, also …«, aber sie redete schon weiter. Erzählte von ihrem Freund. Mit dem doch eigentlich alles gut gewesen sei. Sie passten doch auch so gut zusammen, sagte sogar ihr Mutter. Und sie seien sonst nie einer Meinung.

Und überhaupt.

Und was er plötzlich an dieser Anita finden würde.

Und überhaupt.

Die war doch dumm wie Stroh und konnte ihm bestimmt nicht bei den Hausarbeiten helfen.

Und überhaupt.

Er hatte still dagesessen und Beate reden lassen, währenddessen den Kaffeebecher diskret angehoben und den hässlichen Kaffeerand darunter weggewischt. Endlich schloss sie ihren Monolog mit den Worten, dass sie überhaupt nicht wisse, warum sie ihm das alles erzähle, und dass sie eigentlich gar nicht so emotional sei. Im Gegenteil, sie könne so emotionalen Weibchen überhaupt nichts abgewinnen. Das waren in etwa damals ihre Worte gewesen. Er hatte dann nur sehr leise erwidert, dass, wenn sie ihren Freund wirklich lieben würde, sie ruhig für ihn kämpfen solle. Denn wen man wirklich liebt, den gibt man nicht einfach kampflos auf, habe seine Mutter immer gesagt. Beate war dann recht abrupt aufgestanden, hatte sich noch einmal kurz umgedreht und ihn gefragt, was er studiere.

»Literaturwissenschaft, Soziologie und Jura, wie du.« Er zeigte auf ihre Bücher. »Aber Jura nur als Nebenfach.« Sie hatte genickt und war abgerauscht.

Drei Tage später war sie ihm in der riesigen Uni-Halle mit zwei Freundinnen entgegengekommen und er bereitete sich darauf vor, wieder Luft für Beate zu sein. Doch sie überraschte und grüßte ihn, dabei die entgeisterten Blicke ihrer Begleiterinnen ignorierend. Natürlich hatte er sich damals vorgestellt, wie es wäre, sie als Freundin zu haben. Aber er wusste, dass Beate in einer anderen Liga spielte. Umso unglaublicher war es, dass sie dann überhaupt Freunde wurden. Wahrscheinlich, weil sie seinen guten Charakter sofort erkannte hatte. Weil sie ahnte, dass sie sich auf ihn würde verlassen können. Komme, was wolle.

Kurze Zeit später lernte er Beates Freund kennen, der auch Jura studierte, und dessen nervigen kleinen Bruder, den BWLer. Der lief dem Älteren wie ein Schatten hinterher, wollte genauso cool sein und wirkte dabei oft peinlich.

Beate und ihr Freund waren das Dreamteam. Ihnen stand der Erfolg auf der Stirn geschrieben. Aber auch sein Status hatte sich seit der Kaffeepanne erheblich verbessert.

Gut ein Jahr später sollte sich seine Stellung noch einmal verbessern.

Er schüttelte den Kopf. Genug der Vergangenheit. Es gab noch viel zu tun.

Den Teller schob er beiseite, auf dem nur noch ein paar Krümel an das Stück Platenkuchen erinnerten, und zündete sich einen Zigarillo an. Nun musste er seine nächsten Schritte planen, sein Urlaub dauerte nicht ewig.

11.

Bewusst hatte sie kein Make-up aufgelegt, nicht einmal eine getönte Tagescreme. Brüggenthies sollte nicht auf falsche Gedanken kommen. Nina schlüpfte in ihre Sneakers und zog sich einen praktischen Kapuzenpullover über.

Der Siegfriedplatz war an diesem Tag ein schwarz-weiß-blaues Meer. Wie ein Lemming folgte sie den anderen Fußballfans zum Stadion. Am verabredeten Treffpunkt blickte sie sich um. Aus der Masse winkte ihr Tim Brüggenthies zu, der bereits vorne in der Schlange vor dem Eingang stand.

»Hier, für dich.« Zur Begrüßung legte er ihr einen Schal um den Hals.

»Damit ich auf der Süd nicht unangenehm auffalle?«

Er nickte. »Und damit du ihn beim Fanlied gleich in die Höhe halten kannst. Ich habe hier einen Ruf zu verlieren – Dauerkartenbesitzer seit 1991!«

Sie passierten die Eingangskontrolle und gingen an den Bier- und Essständen vorbei. Nina hörte ihren Magen grummeln. Morgens bekam sie nur drei Tassen Kaffee herunter, an Essen war vor Mittag nicht zu denken.

»Möchtest du auch eine Bratwurst?«

Er schüttelte den Kopf. »Ich bin Vegetarier.«

»Du bist was?«, fragte sie eine Spur zu entgeistert. Einen Fiat SUV zu fahren und gleichzeitig ein Vegetarier zu sein, schien Nina eine schwer verdauliche Kombination.

»Du kannst mir gerne eine Pommes rot-weiß mitbringen«, ging er auf ihre Reaktion nicht weiter ein. »Ich sorge in der Zeit für die Getränke.«

Mit Bier, Pommes und Bratwurst drängten sie sich wenig später durch die anderen Menschen, die bereits in ihrem Block dicht an dicht auf den Anpfiff warteten.

Nina folgte Brüggenthies, der zielstrebig auf seinen Stehplatz zusteuerte.

»Zweiter Block, ganz hinten. Hier findest du mich bei jedem Heimspiel. Es sei denn, ich habe Dienst oder Männerschnupfen«, erklärte Brüggenthies, nachdem er einigen Bekannten die Hand geschüttelt hatte.

»Die Sicht von hier ist echt klasse«, stellte Nina fest und steckte sich das letzte Stück Bratwurst in den Mund.

Aus den Lautsprechern ertönte die Stadionhymne. Kauend hielt Nina den Schal in die Höhe.

»Magst du Fußball?«, fragte Brüggenthies, als der Fangesang vorbei war.

»Na ja, als ich in der Hundertschaft war, wurden wir für einige Spiele in Köln und Leverkusen eingesetzt. Meine Begeisterung hält sich seitdem in Grenzen.«

Er nickte. »Versteh ich, es gibt Idioten. Aber ich liebe Fussi. Und weißt du, wieso? Wenn du im Stadion bist, spielt für neunzig Minuten nichts anderes eine Rolle. Du regst dich über den Schiri auf, feuerst deine Mannschaft an – und all der Alltagsscheiß ist vergessen. Ist quasi wie Meditieren.«

Nina lachte. »Soso.« Dass für sie das Spannendste die Hintern und Waden der Ersatzspieler waren, die sich direkt vor der Südtribüne aufwärmten, behielt sie für sich.

Konzentriert verfolgte Brüggenthies das Spielgeschehen, gestikulierte zwischendurch wild mit den Armen und brüllte nicht jugendfreie Sätze in Richtung des Platzes. Sie mochte es, wenn er sich aufregte. Das Grün in seinen Augen wurde dunkler und auf der Stirn bildete sich eine tiefe Falte, die sich senkrecht von der Nasenwurzel fast bis zu seinem Haaransatz zog. Als das Spiel zur Halbzeit abgepfiffen wurde und Arminia 0:1 zurücklag, gab sie ihm zum Trost ein zweites Bier aus.

»Sag mal, habt ihr eigentlich schon Ergebnisse?«, nutzte sie die Pause, um das Gespräch auf Adils Tod zu bringen.

Er nahm einen Schluck Bier. »Riecht alles nach Überdosis.«

»So schnell habt ihr doch den toxikologischen Befund gar nicht vorliegen?«

»Das ist korrekt, Frau Gruber. Die Obduktion hat aber keine Fremdeinwirkung festgestellt und wir haben in der Tonne eine Wasserflasche gefunden, in der Wodka mit Liquid Ecstasy gemischt war.«

»K.-o.-Tropfen und Alkohol. Beliebte Partydroge. Enthemmt. Bei Überdosis Atemstillstand.«

Er nickte. »Ist doch immer wieder schön, sich mit Kollegen zu unterhalten. Da sind langwierige Erklärungen überflüssig. Das alles hast du nicht von mir und lese ich es in der Zeitung, ist was los.«

»Glaubst du, ich bin ein Kollegenschwein, oder was?« Sie bemerkte, wie sich Köpfe zu ihr drehten, und wusste, dass sie sich im Ton vergriffen hatte.

»Ich glaube, dass ich dir noch ein Bier holen sollte, da ist Hopfen drin und das beruhigt.«

»Entschuldige, das war nicht so gemeint.«

Er winkte ab. »Das kostet dich eine Pommes, danach isses vergessen. So, jetzt wo wir den beruflichen Teil hinter uns haben, können wir nach der zweiten Halbzeit auf deine Alm-Premiere ein Bierchen trinken gehen. Es gibt da eine Kneipe, die du als Zugezogene unbedingt kennenlernen solltest. Die *Zwiebel*.«

»Das ist sehr nett von dir, dass du etwas zu meiner Integration beitragen möchtest, aber ich habe noch einen Termin. Nächstes Mal bin ich gerne dabei.«

»Gut, Frau Gruber. Vergiss nur nicht, dass wir hier in Ostwestfalen die Leute beim Wort nehmen.«

12.

Nach dem Spiel spazierten Brüggenthies und Nina gemeinsam in dem schwarz-weiß-blauen Meer bis zum Siegfriedplatz und verabschiedeten sich dann voneinander. Dass sie seinen Schal noch immer um ihren Hals trug, fiel ihr erst auf, als sie schon fast zu Hause angekommen war. Sie ging direkt drei Etagen höher und klingelte bei Dorothee. Im Flur roch es verführerisch nach deftigem Essen in Bratensoße. Yasemin saß bereits an Doros gedecktem Tisch und schaufelte in einer beeindruckenden Geschwindigkeit ihren Teller leer.

»Schön, dass du vorbeikommst! Möchtest du auch einen Teller Gulasch?«, begrüßte Dorothee sie im Wohnungsflur.

»Gerne, wenn du noch etwas übrig hast«, antwortete Nina und umarmte Doro kurz, bevor diese in die Küche ging.

Nina setzte sich zu Yasemin an den Tisch und hatte innerhalb von einer Minute einen Teller mit viel Fleisch, Soße, Bohnen und Nudeln vor sich stehen.

»Tim Brüggenthies ist Vegetarier!«, platzte es aus Nina heraus.

»Ehrlich? Der junge Mann ist Polizist, der muss doch bei Kräften bleiben.« Dorothee schüttelte den Kopf und setzte sich mit an den Tisch.

»Ey, das ist voll intolerant, was ihr da macht!«, tadelte Yasemin, wobei ihr eine Nudel aus dem Mund auf den Teller fiel. »Und weil ich kein Schweinefleisch esse, bin ich Terrorist, oder was?«

»Du isst kein Schweinefleisch?«, riefen Nina und Dorothee gleichzeitig aus.

»Doch, ihr Fleischfaschisten, würde ich sonst dieses Gulasch essen? Mensch, ich glaub, 'nen bisschen mehr Gemüse würde euch zwischendurch guttun. Wegen dieser Antiradikalen.«

»Du hast ja recht, jeder wie er glücklich ist, meine liebe Yasemin. Ich setze uns mal Wasser für einen Tee auf, da sind auch Antiradikale drin. Und dann …«

»… dann erzählt uns Nina endlich, was der Bulle ihr wegen Adil gesteckt hat.«

»Arminia hat übrigens 0:1 verloren, das war ziemlich …«

»Hallo! Spreche ich Türkisch? Was hat er über Adil gesagt?«

»Ist ja schon gut. Also, ihr müsst natürlich die Klappe halten über das, was ich euch erzähle. Adil ist an einer Überdosis gestorben.«

»So ein Bullshit!« Yasemin sprang von ihrem Stuhl hoch und stieß sich dabei ihr Knie am Tisch. Sie schien es nicht zu bemerken.

»Die Beweise sind leider ziemlich erdrückend«, setzte Nina noch einmal an.

»Adil hat keine Drogen genommen. Der hat nicht mal einen Schluck Alkohol getrunken! Was das anging, war der total gläubig. Kein Alkohol, keine Drogen – und, Achtung: kein Schweinefleisch!«

»Yasemin, Schätzchen, man kann den Menschen nur vor den Kopf gucken.« Dorothee stellte drei Tassen Tee auf den Tisch. »Adil war jung, vielleicht hat er an dem Abend zum ersten Mal Drogen genommen, aber …«

»Doro! Ich kenne Adils Familie! Seine Mutter hätte sich sehr gewünscht, dass er sich mal entspannt! Yasemin, hat sie beim letzten Friseurtermin zu mir gesagt, Yasemin, der Adil muss ein bisschen lockerer werden. So findet der hier kein Mädchen.«

»Sie haben in der Altpapiertonne eine Flasche Wodka mit K.-o.-Tropfen gefunden. Das wird gerne auf Partys getrunken und den Frauen in die Drinks geschüttet, um sie gefügig zu machen, ihr habt davon bestimmt schon gehört.«

»Adil macht niemanden … gefügig«, Yasemin spuckte das

letzte Wort beinahe aus, »und er nimmt keine Drogen. Hat keine Drogen genommen«, korrigierte sie sich leise und ließ sich wieder auf ihren Stuhl fallen. »Die Sache stinkt gewaltig, ihr müsst mir das glauben! Ermittelt die Polizei weiter? Gucken die nach Fingerabdrücken auf der Flasche?«

»Es besteht kein Verdacht auf Fremdeinw…«

»Hör doch mal mit deinem Kackpolizeideutsch auf! Das stimmt nicht, was die da sagen! Du musst noch mal mit deinem Brüggendings sprechen!« Yasemins Wangen waren feuerrot. Sie wandte sich an Dorothee. »Weißt du noch, wie ich dir von diesem Abend erzählt hab, an dem ich so abgestürzt bin? Als ich mich draußen vor der Bar auf den Bürgersteig gehockt hab und nichts mehr ging? Als mich dieser Kumpel nach Hause gebracht hat? Der Kumpel, der mich nach Hause gebracht hat, war Adil. Er hat mich gesehen, hat ein Taxi gerufen und mich begleitet. Und während er mir ins Bett geholfen und einen Eimer danebengestellt hat, hat er rumgenölt, dass das voll verantwortungslos is', was ich mache. Dass nicht jeder so ein anständiger Mensch is' wie er. Dass ich besser auf mich aufpassen soll. Ich hab ihm damals gesagt, er soll mal den Stock aussem … Du weißt schon. Aber so war Adil! So! Verstehste? Und er kannte mich kaum, ich war nur die kleine Frisöse seiner Mutter!«

»Friseurin, Liebes, Friseurin«, korrigierte Dorothee und wurde nachdenklich. »Nina, vielleicht sollte sie das der Polizei erzählen? Ich meine, das klingt wirklich so, als ob da was nicht passt. Weißt du, ich kenne das aus meinen Krimis, da ist es auch häufig so, dass …«

Nina seufzte und legte ihr Besteck auf den Teller. »Dorothee, jetzt fang du nicht auch noch an. Nur weil du gerne Krimis liest, hast du keine Ahnung von Ermittlungen im realen Leben. Das wäre so, als wenn ich behaupten würde, ich könnte operieren, weil ich gerne Arztsendungen gucke!«

»Lasst mal! Ich weiß schon, was ich zu tun habe. Danke

fürs Essen.« Yasemin stand auf und knallte Sekunden später die Wohnungstür hinter sich zu.

Einen Moment herrschte Stille. Dorothee rückte ihren Teller nervös hin und her und räusperte sich. »Vielleicht solltest du ihr hinterhergehen.«

»Ich habe nichts Falsches gesagt«, reagierte Nina noch immer etwas gereizt. »Geh du doch.« Kaum hatte sie den Satz ausgesprochen, tat er ihr leid. »Entschuldige bitte«, schob sie sofort hinterher. »Das war blöd. Ich weiß, dass du …«

»Dass ich meine Wohnung nicht verlasse. In diesem Sommer sind es fünfzehn Jahre, ja.«

Stille.

Nina lauschte für eine Weile dem Ticken der Wanduhr. »Jeder Mensch hat sein Päckchen zu tragen, was?!«, antwortete sie schließlich. »Jeder hat seine Geschichte. Die Hauptsache ist doch, man findet einen Weg, mit ihr umzugehen.« Nina schaute sich in Dorothees Wohnung um. »Ich habe den Eindruck, du hast dich ganz gut arrangiert. Na gut, diese Spinne ist eklig, aber der Rest …«

Sie lachten beide.

»Wie lautet deine Geschichte?«, fragte Dorothee.

»So gut kennen wir uns noch nicht.« Nina grinste.

»Wie wär's mit einem Verdauungsschnaps?«, wechselte Dorothee das Thema.

Nina legte die Hand auf ihren Bauch. »Och, der kann nach der Riesenportion nicht schaden.«

Doro holte zwei Gläser und eine Flasche aus ihrem Schrank. Nina blickte auf das Etikett. »*Gin Lossie.*«

Doro nickte. »Der Gin der Ostwestfalen. Früher hatte ich immer eine Flasche Wacholder im Schrank, so wie sich das hier bei uns gehört. Dann habe ich den Gin für mich entdeckt. Wird ja auch aus Wacholderbeeren gemacht.« Sie goss ihnen beiden einen Schluck ein. »Ich trinke ihn immer pur, nicht zu kalt, damit er seine Aromen entfaltet.«

»Du bist ja eine richtige Genießerin.« Nina schmunzelte und prostete ihr zu.

»Essen und Trinken hält Leib und Seele zusammen, Schätzchen.«

Ich bewundere sie, dachte Nina, als sie das Treppenhaus herunterging. Dorothee war eine so offene und lebensfrohe Frau, trotz allem. Nina war froh, hier nicht nur eine Wohnung ergattert, sondern mit Doro und Yasemin auch zwei tolle Frauen kennengelernt zu haben, die sich langsam zu Freundinnen entwickelten. Und nun würde sie Yasemin wieder zum Lachen bringen, nahm sich Nina fest vor, als sie den Kiosk betrat.

Doch als sie das abweisende Gesicht der jungen Kioskbesitzerin erblickte, dämpfte das ihre Zuversicht.

»Zweiundzwanzig«, entfuhr es Nina spontan.

»Hä?«

»Wir müssen einen trinken. Ich habe dein Alter genannt.« Triumphierend schlug Nina auf den Tresen und klopfte sich innerlich für diesen Einfall auf die Schulter.

Auch wenn sie sich sichtlich Mühe gab, konnte Yasemin es nicht verhindern, dass ihre Mundwinkel nach oben zuckten. Sie stellte zwei kleine Fläschchen auf den Tresen. »Nich' lange schnacken, Kopp inn Nacken!«

Wie immer mussten sich beide schütteln, nachdem sie den Schnaps heruntergeschluckt hatten.

»Manchmal ist kein Alkohol auch keine Lösung«, sagte Nina heiser und hustete. »Hör mal, ich verspreche dir, ich werde Brüggenthies deine Bedenken mitteilen«, versicherte sie, als sie ihre Stimme wiedergefunden hatte.

»Hat ja auch den Vorteil, dass du einen Grund hast, ihn anzurufen.« Yasemin schlug extra langsam ihre Wimpern auf und nieder.

»Da liegst du völlig falsch. Ich fange nichts mit einem Kollegen an.«

»Und du hast nie eine Ausnahme gemacht?«

Nina spürte, wie es an ihrem Po vibrierte, und zog ihr Handy aus der Hosentasche. Sie lächelte kurz, als sie auf die Nachricht blickte. Wenn man vom Teufel sprach!

Pass gut auf meinen Schal auf. Jetzt müssen wir uns wohl noch mal treffen ☺

»Na, war er das?«, fragte Yasemin, der das Lächeln nicht entgangen war.

»Hm? Ja, ich habe aus Versehen nach dem Spiel seinen Arminia-Schal mitgenommen. Wenn ich ihm den wiederbringe, spreche ich mit ihm noch mal über Adil. Aber ...«

»Was, aber?«, fragte Yasemin mit hochgezogenen Augenbrauen.

»Ich denke«, begann Nina ihren Satz und überlegte kurz, wie sie sich möglichst diplomatisch ausdrückte, »dass du auch in Betracht ziehen solltest, dass es vielleicht Seiten an Adil gab, die du nicht kanntest. Ihr wart ja keine engen Freunde. Das heißt auch nicht, dass Adil ein schlechter Mensch war ... Vielleicht ist er da in was hineingeschlittert ... Vielleicht spielte Gruppenzwang eine Rolle. Vielleicht wollte er jemandem etwas beweisen. Es ist so vieles denkbar.«

»Mag sein«, entgegnete Yasemin widerwillig. »Aber ich glaube das einfach nicht, sorry.«

Nina nickte ergeben. Sie beschloss, das Thema fürs Erste fallen zu lassen. »Ich wollte noch wegen einer anderen Sache mit dir sprechen. Hast du die Namen deiner Verflossenen schon aufgeschrieben?«

»Ach ja. Hab ich gemacht. Warte.« Yasemin verschwand im Hinterzimmer und kehrte Sekunden später mit einem Zettel in der Hand zurück.

Die Glocke an der Tür kündigte Kundschaft an. Nina drehte sich um und musterte den kleinen Mann mit kleinem

Wohlstandsbauch. Die Narben in seinem Gesicht verrieten, dass er früher starke Akne gehabt haben musste.

»Erich, länger nicht gesehen. Alles paletti?«, begrüßte Yasemin den Kunden. »Welchen Spruch haste heute für mich?«

Nach kurzem Zögern antwortete der kleine Mann mit einer überraschend hohen Stimme: *»Entweder man lebt oder man ist konsequent.«*

Yasemin klatschte in die Hände. »Krass, wie viel du von dem kennst. Na ja, trägst ja auch seinen Namen. Wie immer die *Neue Westfälische* und eine Cola?«

Er nickte. Nina widmete sich Yasemins Liste, während die ihren Kunden abkassierte und ihn zur Tür begleitete.

»Der ist knuffig, der Erich! Kommt immer mit 'nem Zitat von diesem Dichter … diesem … Ach, er hat's mir schon so oft gesagt. Seine Mutter hat ihn nach dem benannt, weil der in dem Jahr, wo er geboren ist, gestorben ist. Erich …«, sie schnippte mit den Fingern.

»Kästner?«, riet Nina.

»Genau der! Also, ich kenn nix von dem, außer Erichs Zitate. Und eigentlich findet er den Namen ziemlich kacke, weil der so altmodisch ist. Er is' ja erst Anfang vierzig …«

»Sieht aber trotzdem aus wie ein Erich«, entgegnete Nina.

Yasemin lachte. »Stimmt. Und schüchtern isser wie 'nen Vierzehnjähriger. Mein persönliches Zitatlexikon. Der war früher schon im Salon bei mir zum Haareschneiden und jetzt kommt er ins Hinterzimmer, obwohl er am anderen Ende der Stadt wohnt. Süß, ne?!«

»Aber Erich steht hier nicht auf deiner Liste, oder?«

Yasemin rammte Nina den Ellbogen in die Seite. »Ey, ich hab auch meinen Stolz. Knuffig ist das Gegenteil von …«

»… heiß, ja, das stimmt. Auf jeden Fall hast du keinen schlechten Schnitt.« Nina überflog die Liste noch mal. »Fast einen pro Monat!«

»Na ja, manche liefen auch …«

»… parallel, schon klar. Ist jemand darunter, der mit dir Schluss gemacht hat?«

»Ja, der, der und der.« Yasemin deutete auf die Namen *Daniel, Marcel* und *August*.

»August?« Nina zog die Augenbrauen hoch. »Wie alt ist der denn?«

»Hm … fünfzig oder so.« Yasemin öffnete eine Packung Kaugummi und steckte sich gleich zwei Dragees in den Mund. »August ist nett. Fast zwei Meter groß. Und er hat einen guten Geschmack.« Sie zeigte auf ihre High Heels. »Aber so nach zwei Monaten meinte er, er würde demnächst nach Mallorca ziehen. Er wollte da 'ne Alten-WG mit seinem Kollegen gründen. Zum Abschied hat er mir noch eine echt schöne Tasche geschenkt.«

»Okay. Wie lief das mit den anderen beiden?«

»Marcel hat sich in eine andere verliebt und Daniel wollte sich auf seine Volleyballkarriere konzentrieren.«

Nina strich alle drei Namen durch. »Bleiben noch sechs. Erzähl mir, was du über sie weißt.«

Yasemins Zeigefinger blieb auf dem Namen *Bülent* stehen. »Seit vier Monaten verheiratet. Ist wohl schnell über mich hinweggekommen.«

Der schied also auch aus.

»Über die anderen weiß ich nichts groß. Mit denen hatte ich höchstens ein paar Wochen was laufen. Tom«, sie tippte auf den Namen, »ist Yogalehrer und war immer voll entspannt. Und ich sach mal so … der ist un-glaub-lich gelenkig!«

»So genau will ich es dann vielleicht doch nicht wissen.« Nina lachte.

Yasemin blickte konzentriert auf die vier restlichen Exlover.

»Mit wem bist du im Streit auseinandergegangen?«

»Mit keinem. Und nicht alle von denen kannten meinen echten Namen. Die waren eben mehr so zum Spaß.«

»Wirst du rot?«

Gerade als Yasemin den Mund öffnete, um zu antworten, kündigte die Türklingel neue Kundschaft an. Eine Mutter betrat mit ihrer kleinen Tochter den Kiosk, die sich eine Tüte Gemischtes für einen Euro aussuchen durfte. Yasemin zwinkerte dem Mädchen zu und legte ihr zwei saure Stangen zusätzlich in die Tüte.

»Ich bin keine Schlampe«, sagte sie unvermittelt, als sie wieder alleine im Kiosk waren. »Später will ich auch mal eine Familie haben. Kinder und so …«

»Natürlich bist du keine Schlampe, ich …«

Yasemin winkte ab. »Ich mag einfach Sex. Ich will mich nicht so früh fest an irgend 'n Typen binden, sondern erst mal chillen und Spaß haben. Ist das falsch?«

»Nein! Wer sagt denn, dass das …«

»Ein Mann ist ein super Stecher, wenn er viel Sex hat, die vergeben untereinander Pokale für die dicksten Eier. Aber eine Frau ist immer noch eine Schlampe. Oder eine Hure.« Yasemin deutete auf ihr Schaufenster, das hier und da noch einen roten Farbspritzer aufwies. »Von wegen Emanzipationsgelaber und so. Is' noch nich' bei allen angekommen, ne?!«

»Also, bei mir schon. Ich habe damit kein Problem. Na ja, vielleicht eins. Ich bin ein bisschen neidisch.«

Yasemin lachte. »Bist du streng katholisch erzogen worden oder was hält dich von ein bisschen Spaß ab?«

»Wahrscheinlich kommt mein straßenköterblond einfach nicht so gut an wie deine dunkle Mähne. Apropos Erziehung – du hast noch nie was von deinen Eltern erzählt.« Nina ließ sich auf den Hocker sinken, der neben der Theke stand.

Yasemin zuckte mit den Schultern. »Normale Familie. *Annem*, meine Mutter, ist Türkin. Sie musste einen Mann heiraten, der ein Arschloch war und sie geprügelt hat. Irgendwann hatte sie zum Glück den Mut, abzuhauen. Das einzige Gute, nein, Grandiose, was aus dieser Ehe hervorgegangen ist, bin ich!« Sie zeigte mit beiden Händen auf sich und drehte sich vor Nina im Kreis.

»Selbstredend. Als Gott, sorry, Allah dich schuf, hatte er einen verdammt guten Tag. Aber dein Nachname Nowak ...«

»... ist polnisch, ja. Den habe ich von meinem Stiefvater, der ist Pole. Und ein netter Kerl. *Annem* ist mit ihm nach Düsseldorf gezogen. Sie ist glücklich. Endlich. Sie wollten mich damals mitnehmen, aber ich war achtzehn und bin lieber hiergeblieben.« Sie breitete ihre Arme aus. »Hier ist meine Heimat.«

Heimat. Für Nina klang dieses Wort so verheißungsvoll wie die Vorstellung, Kaugummi unter dem Schuh kleben zu haben. Du kannst versuchen, es abzustreifen, ein lästiger Rest bleibt immer unter der Sohle haften.

Sie griff nach Yasemins Liste und stand auf. »Ich habe übrigens eine Mail an die Adresse *sternenfaenger@gmx.de* gesendet, die ja der Unbekannte in seinem Brief an dich genannt hatte. Leider erfolglos. Der Mailaccount wurde gelöscht.« Sie hielt das Papier hoch. »Als Nächstes werde ich deinen Verflossenen auf den Zahn fühlen.«

13.

Wenn es einen Spruch gibt, den die Einwohner dieser Stadt nicht mehr hören können, ist es die Behauptung, Bielefeld gebe es gar nicht. Natürlich zeigt der Bielefelder seine Genervtheit nicht groß nach außen. Denjenigen, der sich zu diesem Spruch hinreißen lässt, bedenkt man mit einem einsekündigen Hochziehen der Mundwinkel als Zeichen der Höflichkeit und denkt dabei: schon wieder so ein einfallsloser Idiot, was soll's.

Unaufgeregt ist das Adjektiv, das häufig mit der Stadt in einem Atemzug genannt wird. Das passte, fand Nina, während sie durch die Straßen schlenderte und über die Menschen nachdachte, die hinter ihren Gardinen zur *Tatort*-Zeit auf den Sofas saßen. Je länger sie hier wohnte, desto mehr schloss sie ihre alte Heimat ins Herz.

Wenige Minuten später stand Nina vor der *Zwiebel,* einer alteingesessenen Kneipe an einer viel befahrenen Straße. An den Rauchern vorbei ging sie die Stufen hinab zum Eingang. Tim Brüggenthies saß an der Theke und war in ein Gespräch mit dem Wirt vertieft. Er bemerkte sie erst, als sie sich auf den freien Hocker neben ihn setzte und ihm seinen Schal um den Hals legte.

»Ich habe gut auf ihn aufgepasst.« Sie schenkte ihm ein kurzes Lächeln.

»Die Frau Gruber, ach sieh an! Norbert, darf ich vorstellen: Nina Gruber, gerade wieder in die alte Heimat zurückgekehrt. Kollegin aus Wuppertal.«

Der Wirt nickte ihr freundlich zu. Aus seinem faltigen Gesicht blitzten hellblaue und wache Augen. Sie bestellte ein Alster.

»Norbert ist mit achtundsiebzig Jahren der dienstälteste Wirt in Bielefeld«, erklärte ihr Tim, während sie auf die Getränke warteten. »Schau dir die Zeitungsartikel und Auszeichnungen an, die dort hängen.« Er deutete auf die Rahmen an den Wänden.

Sie lächelte. »Du erzählst das mit einem Stolz in der Stimme, als hättest du selbst etwas zu dieser Erfolgsgeschichte beigetragen.«

»Hab ich ja auch.«

Nun schaute Nina fragend.

»Was meinst du, wie viel ich von meinem Gehalt über die Jahre hinweg hier in Bier investiert habe? Die beiden Barhocker, auf denen wir sitzen, gehören definitiv mir!«

Jetzt musste sie lachen. Es fühlte sich gut an, einfach mal beherzt zu lachen.

Norbert stellte ihnen die Getränke hin und machte sich gleich daran, neue für die Raucher zu zapfen, die wieder hereinkamen.

»Was kann ich denn für dich tun, Frau Gruber«, fragte Brüggenthies sie, nachdem sie angestoßen hatten. »Ich habe mich ja sehr über deine Nachricht gefreut und hätte nicht gedacht, dass wir es so schnell auf ein Alster in der *Zwiebel* schaffen. Aber ich schätze, das tust du nicht nur, um ein nettes Pläuschchen zu halten.«

»Doch. Also, fast.« Sie nahm einen großen Schluck von ihrem Alster. »Yasemin, die Kioskbesitzerin, hat mir glaubwürdig zu verstehen gegeben, dass das Opfer nie Drogen genommen hat und das auch nie getan hätte. Das verbot ihm sein Glauben.«

»Priestern verbietet es ihr Glaube, Kinder zu missbrauchen. Trotzdem tun sie es.«

»Tim!« Zum ersten Mal hatte sie ihn mit seinem Vornamen angesprochen, was sie bisher galant umgangen hatte.

Er zuckte mit den Schultern. »Ich sag ja nur, wie es ist.«

»Wenn ihr Yasemin vielleicht noch mal dazu befragen wollt ... Sie kennt die Familienverhältnisse des Opfers gut und hat auch erzählt, dass Adil ihr mal aus einer unangenehmen Situation geho...«

»Das Opfer hat bereits früher Drogen genommen«, unterbrach er sie.

Nina stellte ihr Glas wieder auf die Theke. »Woher wisst ihr das?«

»Wir haben den Arbeitgeber befragt. Der hat uns eine Abmahnung vom letzten Herbst vorgelegt. Wegen Drogenmissbrauchs am Arbeitsplatz.«

»Adil ist zugedröhnt zur Arbeit gekommen?«

»Sieht so aus.«

»Warum haben die den nicht gleich gefeuert?«

»Der Chef brabbelte was von zweiter Chance, guter Typ, hervorragende Arbeit, kann ja mal passieren. Es blieb bei dem einen Vorfall. Zumindest während der Arbeit.«

Nina guckte in ihr halb leeres Glas. »Okay. Die Leiche ist freigegeben?«

Er nickte.

Sie startete einen letzten Versuch. »Aber wieso liegt er in einer Mülltonne? Da ist er doch nicht selbst reingeklettert!«

Brüggenthies zuckte mit den Schultern. »Das kannst du nicht ausschließen. Es gibt nun mal keine Anhaltspunkte auf Fremdeinwirkung. Keine Spuren von Gewalt. Nichts. Ein Kollege aus Bayern erzählte mir letzten Winter, dass er schon mehrfach Vermisste nach einem Saufabend in Streubehältern gefunden hat. Die legen sich da sturzbesoffen rein, Deckel zu, dann isses einigermaßen warm. Und das Opfer stand unter Drogen. Weißt du, ob du unter Drogeneinfluss nicht in eine Papiertonne klettern würdest? Vielleicht war ja sogar erst noch 'ne Frau dabei und die hatten Spaß.«

»Och, bitte!«

Brüggenthies hob abwehrend die Hände. »Ja, Spaß scheint nicht so dein Ding zu sein, ich weiß.«

Sie gab ihm als Antwort einen leichten Schlag auf den Hinterkopf.

»Aua!« Er rieb sich die Stelle. »Mal ehrlich: Wir wissen beide, dass alles denkbar ist zwischen Himmel und Erde. In der Kanzlei gab es an dem Tag so eine Spendenaktion. Flohmarkt, Essensstände, was weiß ich. Da wird einiges an Alkohol geflossen sein. Nach Aussage der Kanzleichefs verließ Adil das Fest angeheitert, aber nicht betrunken. Das hätte er sich ja auch nicht rausnehmen können. Aber die Ehefrau des Kanzleichefs meinte sich zu erinnern, dass Adil eine spätere Verabredung erwähnt habe.«

Nina nickte ergeben. Bei der Faktenlage wurde die Akte

geschlossen. Wie sollte sie das Yasemin beibringen? Gedankenverloren blickte sie auf das Regal hinter dem Tresen. *Wer meckert, wird gedöppt,* stand auf einer der Postkarten, die Norbert dort aufgehängt hatte. Nina mochte dieses Wort, *döppen.* Es klang genau nach dem, was es bedeutete.

»Ich habe noch was anderes.«

Tim bestellte eine neue Runde. »Ich bin ganz Ohr.«

Sie schob ihm den Zettel mit den fünf Namen von Yasemins Liebhabern zu. »Kannst du die mal durch den Computer laufen lassen?«

Tim hob die Augenbrauen. »Weil …?«

»Weil wir beide wissen, dass die Polizei bei Stalking nicht viel machen kann. Ich will jemandem helfen. So von Frau zu Frau.«

»Mhm. Dann jetzt mal von Mann zu Frau: Das mit dem Sabbatjahr ist eine Lüge, richtig?«

Nina stand vom Barhocker auf und zog sich ihre Jacke über. »Das zu überprüfen, ist für dich doch ein Leichtes.«

»Ich will es aber gar nicht überprüfen, sondern würde es mir gerne von dir erzählen lassen.«

Norbert stellte ihnen die zweite Runde auf den Tresen.

Nina trank das Glas in einem Zug leer. »Auf einem Bein kann man schlecht stehen«, sagte sie, als Brüggenthies sie verdutzt anguckte. »Vergiss die Liste nicht. Es ist für einen guten Zweck. Und die Getränke gehen auf dich. Ich will ja nicht den Anschein erwecken, dich zu bestechen.« Sie schaute sich noch einmal um. »Du hast recht. Richtig gute Kneipe. Hat Seele.«

Dann verließ sie die *Zwiebel,* ohne Brüggenthies noch einen Blick zu schenken.

14.

Nina machte sich durch die Seitenstraßen auf den Nachhauseweg und wischte sich ihre schwitzigen Hände an der Jeans trocken. *Ich würde es mir gerne von dir erzählen lassen.* Brüggenthies hatte sie für einen Moment aus dem Takt gebracht. Er wirkte so ernsthaft interessiert und seine Stimme war so … sanft gewesen. Okay, und sein Knackarsch tat ein Übriges. Es war klug von ihr gewesen, den Rückzug anzutreten. Das Feuer brannte plötzlich gefährlich stark.

Als Nina vor ihrer Haustür stand, blickte sie auf die Uhr. Es war kurz nach halb zehn. Yasemin und Dorothee schauten gemeinsam den *Tatort,* das war ihr Sonntagsritual. Spontan beschloss Nina, es direkt hinter sich zu bringen. *Mach es gleich, sonst wird der Berg nur größer,* hatte ihre Oma immer gesagt, wenn ihr etwas bevorstand, vor dem sie sich lieber drücken wollte. Ihre Oma war viel zu früh gestorben.

»Psst!«, rügten die zwei Frauen wie aus einem Mund, als Nina Dorothees Wohnzimmer betrat und sie begrüßen wollte.

»Setz dich und sei die letzten fünf Minuten still.« Dorothees Blick klebte am Fernseher.

»Und? War's der Gärtner?«, fragte Nina, als die *Tatort*-Musik zum Abspann erklang.

»Sehr witzig. Du musst unsere Leidenschaft ja nicht teilen, aber respektieren kannst du sie bitte schön«, entgegnete Dorothee.

»Aye, aye. Warum hat Bielefeld eigentlich keinen *Tatort?*«

»Wer würde da einschalten?«, fragte Yasemin zurück.

»Alle mit Schlafstörungen. Besser als jede Pille. Du hörst *Bielefeld* und fängst an zu gähnen.« Dorothee kicherte.

»Och, komm, das Potenzial für einen Krimi ist da«, antwortete Nina. »Hier lauert an jeder Ecke das Verbrechen.

Wir haben den Brennpunkt Baumheide, wir haben den Obersee, in dem man Leichen versenken könnte, wir haben genügend Altpapiercontainer …«

»Du hast heute einen seltsamen Humor. Schlecht geschlafen?«, Dorothee schaute sie mit gerunzelter Stirn an.

»Sorry.« Mit der Entschuldigung wandte sich Nina direkt an Yasemin. »Ich habe mich eben mit Brüggenthies getroffen und ihm erzählt, dass du das mit den Drogen nicht glaubst.«

Yasemin setzte sich erwartungsvoll auf.

»Er hat mir erzählt, dass der Arbeitgeber des Opfers …«

»Adil, er hieß Adil«, unterbrach Yasemin.

Nina nickte. »Adil ist im letzten Jahr von seinem Arbeitgeber abgemahnt worden. Wegen Drogen am Arbeitsplatz.«

Yasemin schaute auf ihren Schoß. »Okay«, sagte sie nach einer Weile.

»Okay?« Nina hatte ein Gewitter erwartet, einen Wutausbruch, der sich gewaschen hatte. Aber kein *Okay*.

Yasemin und Dorothee wechselten einen Blick, den Nina nicht deuten konnte.

»Was soll's, da kann man dann ja nicht mehr viel machen. Danke, dass du's noch mal versucht hast.« Die Deutschtürkin zuckte mit den Schultern. »Ich muss runter in den Kiosk, meinen Cousin für die letzten zwei Stunden ablösen.«

Auch Nina stand auf, sie war müde. Das war erstaunlich einfach gelaufen. Fast zu einfach, fand sie.

15.

Wenn das seine Mutter sehen könnte, hätte sie Tränen in den Augen gehabt. Wahrscheinlich hätte sie ihm einen Stapel dieser kleinen, bestickten, runden Tischdeckchen geschenkt, die bei ihnen zu Hause auf jeder freien Fläche gelegen hatten.

Er stand auf der riesigen Wiese und blickte auf das Grundstück, auf dem bald die Bauarbeiten für sein Einfamilienhaus beginnen würden. Zum ersten Mal seit dem Tod seiner Mutter würde er seinen langen Urlaub nicht nutzen, um in die Heimat zu fahren, an ihrem Geburtstag einen Blumenstrauß auf ihr Grab zu legen und ihr für einige Tage näher zu sein. Doch er hatte gute Gründe. Er musste hier seine Zukunft gestalten. Seine Mutter hätte das verstanden.

Hinter ihm lärmten die Bagger, die sich durch Erdmassen wühlten. *Interkulturelles Wohnen – Vielfalt als Stärke, Vielfalt für Bielefeld!* stand auf dem Schild des Bauträgers, das neben der Zufahrt zum Baugebiet in die Erde gerammt worden war. Ein Komplex mit acht Mehr- und sechs Einfamilienhäusern sollte auf diesem Gelände bis Ende des Jahres entstehen. Richtig angepackt, waren interkulturelle Wohnprojekte derzeit ein lukratives Geschäft. Es polierte das Image aller Beteiligten auf, meistens gab es happige Förderungen aus öffentlicher Hand, und Mieter oder Käufer zu finden, war bei der Marktlage kein Problem. Im Gegenteil. Alle hier geplanten Wohnungen und Häuser waren bereits vermietet oder verkauft.

Ohne Vitamin B hätte er sein Einfamilienhaus nicht bekommen. In der näheren Umgebung gab es Kitas und Schulen, Einkaufsmöglichkeiten und Arztpraxen waren in Planung. Das Gegenteil von Brennpunkt und die perfekte Wohngegend für seinen Engel und ihn. So ein Haus hatte sie verdient! Eigentlich eine Villa, aber er musste realistisch bleiben. Und sein Engel war ja selbst bescheiden, das wusste und liebte er an ihr.

Hinter ihm fuhr lautstark ein Auto weg. Er drehte sich um. Ein BMW entfernte sich von der Baustelle. Vielleicht ein Architekt. Der aufwirbelnde Staub des Kieselsteinweges ließ die Luft nebelig werden. Ein BMW war es damals auch gewesen, der sein Schicksal gelenkt hatte. Zunächst hatte ihn die Geschichte einiges gekostet: ein Jahr Fahrverbot, zig Punkte in Flensburg, er hatte verdrängt, wie viele genau, und Jobben in den Semesterferien, um die Schulden zu begleichen. Aber all das hatte sich Jahre später ausgezahlt.

Er erinnerte sich an den Abend, als sei es gestern gewesen. Im Juli, wenn der Lavendel blühte, waren die alten Dresings in die Provence gefahren und hatten dort den gesamten Monat verbracht. Und immer im Juli hatte der Junior seine legendäre Sommerparty gegeben. Die Villa im Musikerviertel eignete sich hervorragend für dekadente Partys mit dekadenten Studenten, die sich für die Könige hielten, obwohl sie noch nichts in ihrem Leben erreicht hatten. Die lediglich das Glück hatten, in eine vermögende Familie hineingeboren worden zu sein.

Wer zu der Party eingeladen wurde, gehörte dazu. In jenem Sommer 1998 war er zum ersten Mal eingeladen worden. Er gehörte vielleicht nicht komplett dazu, aber dank Beate durfte er mitlaufen. Jede Clique brauchte auch die Mitläufer, nicht alle konnten Alphatiere sein.

Im Keller des Hauses befand sich ein Pool, kurz beobachtete er das Treiben. Die Jungs sprangen mit einem flachen Kopfsprung ins Wasser und die Mädels saßen lasziv am Beckenrand, die Füße im Wasser baumelnd, bis die coolen Studenten sie in den Pool zogen. Bevor er wegen zu langen Starrens einen dummen Spruch kassierte, drehte er lieber wieder um. Er kam an der Sauna vorbei, in der Dresings kleiner Bruder mit Daniela aus dem zweiten Semester saß, die sich gerade ihr Bikinioberteil abstreifte. Die dümmsten Bauern bekamen immer die dicksten Kartoffeln, auch damit hatte seine Mutter recht gehabt.

Der Rest der Party spielte sich in der weißen Hochglanzküche und auf der großen Terrasse ab. Er hatte sich gerade etwas abseits des Getümmels auf eine weiße Sonnenliege gesetzt, als Beate auf ihn zukam.

»Na, du Partylöwe?« Ihr Gang war etwas unsicherer als sonst.

»Na?«

»Geile Fete, oder? Komm doch mit rüber an die Bar, ich will einen Tequila mit dir trinken.«

Er hatte schon zwei Bacardi-Cola intus und da er eigentlich nie Alkohol trank, wusste er, dass das keine gute Idee war.

Doch er war ihr ohne Widerworte gefolgt, hatte Salz und Zitrone in die Hand genommen und mit Beate, Dresing und zwei anderen Kommilitonen Tequila getrunken. Dabei musste er sich zwingen, nicht dem Impuls zu folgen, sich die Ohren zuzuhalten. Betrunkene Menschen waren immer so laut, das tat ihm in den Ohren weh.

Plötzlich aufkommendes Gebrüll aus der Küche hinderte Beate daran, die zweite Runde Tequila nachzuschenken.

»Ey, Dresing, das Bier ist alle, Mann!«

»Ohh, hat der Gute diesen Monat nicht genug Taschen-geld bekommen?«, folgte lauthals der Spott.

»Ihr Säufer! Ich hol Nachschub.« Als Dresing sich den Schlüssel für die S-Klasse seines Vaters schnappte, meinte er, Sorge in Beates Augen aufblitzen zu sehen.

»Kommst du mit?«, hatte sie ihn leise gefragt. Er hatte genickt. Hatte Dresing Junior einen Entschluss gefasst, konnte ihn niemand mehr davon abbringen.

Zu dritt saßen sie wenige Sekunden später in der Nobel-karosse des Vaters und warteten darauf, dass das Tor der Tiefgarage hochfuhr. Dann gab Dresing ordentlich Gas. Der Kick-down des Automatikgetriebes drückte sie alle für einen Sekundenbruchteil in die Sitze, bis einen Augenblick später die Gurte schmerzhaft in die Oberkörper schnürten. Binnen Sekunden endete die Fahrt wieder, und als der Wagen zum Stehen gekommen war, fanden sich die drei im bis dahin sehr gepflegten Vorgarten des benachbarten Immobilien-maklers wieder.

»Bist du total bescheuert?«, schrie Beate ihren Freund an, der plötzlich ganz blass geworden war. »Dein Alter wird dir den Kopf abreißen und deine Mutter hat einen Grund mehr, mich zu hassen! Sie wird behaupten, ich hätte dich angestiftet!«

»Halt die Klappe und lass mich nachdenken, Mann, bestimmt kommen gleich die Bullen!«

Im Hintergrund ertönte das Gejohle der betrunkenen Partygäste, die den Knall natürlich gehört hatten und auf die Straße gelaufen kamen.

»Genau, und das macht sich super! Dresing Junior fährt besoffen in den Vorgarten des Nachbarn. Jetzt stehen die Chancen wirklich richtig gut, dass dir dein Vater die Kanzlei übergibt!«

»Dresing, lass uns tauschen«, hörte er, der bislang nur Mitläufer gewesen war, sich vom Rücksitz leise sagen. Das Pärchen vorn drehte sich ungläubig zu ihm um.

Er zuckte mit den Schultern. »Ich hab keine Karriere zu verlieren. Aber ich hab dann natürlich was gut bei euch.«

16.

Sie war sich nicht sicher, welche Phase sie schlimmer fand. Die manische, die depressive oder die, in der ihre Mutter einigermaßen in der Mitte verweilte. Im Moment war Hetta Mitte-rechts. Irgendwann hatte Nina angefangen, dem Gemütszustand ihrer Mutter Richtungen zuzuordnen.

Links = depressiv

Mitte = Die Medikamente wirken und sind gut dosiert.

Rechts = manisch

Links-links bedeutete die tiefste Depression mit stationärem Aufenthalt, dann folgte links, Mitte-links, Mitte, Mitte-rechts, rechts und rechts-rechts.

Als sie die Wohnung betreten hatte, war sie kaum durch den Flur gekommen. Berge von Kleidungsstücken türmten sich in dem schmalen Gang. Hetta räumte ihr Schlafzimmer auf. Aber so richtig. Der Eifer, den sie dabei an den Tag legte, ließ bei Nina die Alarmglocken angehen.

»Jetzt mach eine Pause, der Tee ist gleich fertig«, rief sie aus der Küche.

»Jaja, ich komm ja schon.« Zu Ninas Überraschung kam Hetta tatsächlich bereits fünf Minuten später ins Wohnzimmer und ließ sich auf das Sofa plumpsen. Das war ein gutes Zeichen. Sie konnte ihre Arbeit unterbrechen, deshalb ordnete Nina den Zustand ihrer Mutter bei Mitte-rechts ein.

»Puuh, ganz schön anstrengend.« Sofort steckte Hetta sich eine Zigarette an und einmal mehr fielen Nina die gelben Kuppen an Daumen, Zeige- und Mittelfinger auf. Auch dafür hatte sie sich als Teenager geschämt. Sie hatte keine andere Mutter mit gelben Fingerkuppen gekannt.

»Mama, wir müssen reden. Am Telefon konntest du auflegen, das kannst du hier nicht. Ich …«

Hetta knallte die Tasse, die sie gerade hochgenommen hatte, so heftig zurück auf den Tisch, dass der Tee über den Rand schwappte. »Mir kommt kein Pflegedienst ins Haus.«

»Es ist doch nur für …«

»Kein Pflegedienst!«, brüllte Hetta und stand auf.

Das blaue Meer an der Küste Liguriens. Nina schloss die Augen und stand am Wasser. Sie blendete die Schreie ihrer Mutter aus, versuchte, das Meersalz auf ihren Lippen zu spüren, hörte das Rauschen, die Wellen bewegten sich vor und zurück, vor und zurück. Barfuß stand sie im kühlen Wasser, ihr Puls wurde langsamer, ihr Hals wieder freier, sie konnte besser atmen …

»… das ist so undankbar, da war der gesetzliche Betreuer ja besser …«

Nina öffnete ihre Augen.

Das Meer war weg.

Die Ruhe auch.

Sie biss ihren Ober- und Unterkiefer fest aufeinander und spürte die riesige Wutwelle, die über sie hereinbrach. Ihre Mutter stand immer noch vor ihr und brüllte. Nina stand auch auf.

»Ich gehe jetzt«, presste sie mühsam beherrscht hervor. Doch ihre Mutter packte ihren Arm.

»Ach, jetzt legst du auf, oder was?« Hetta spuckte ihr beim Sprechen Speicheltropfen ins Gesicht.

Nina riss sich los. »Fass. Mich. Nicht. An. Die Zeiten sind vorbei.« Ihre Stimme war nun genauso laut wie die ihrer Mutter. »Was willst du als Nächstes mit mir machen? Mich ins Badezimmer sperren? Dann friss deine Scheißtabletten eben nicht und verreck doch!«

Den letzten Satz hatte sie Hetta ins Gesicht geschrien. Für eine Schrecksekunde hielt diese inne, setzte sich dann wieder auf das Sofa und zündete sich eine Zigarette an.

Der Rest war Schweigen.

Diese Art von Schweigen, bei dem alle Beteiligte wissen, dass wieder einmal Porzellan zerbrochen ist. Irreparabel.

Wir hätten wirklich genug für einen Polterabend zusammen, dachte Nina und verzog das Gesicht zu einem bitteren Lächeln. »Ich gehe wirklich besser«, sagte sie leise und verließ die Wohnung.

17.

Nina hatte das Auto stehen lassen und war zwei Runden um den See spaziert. Der Blick auf das Wasser half, die Wut in den Griff zu bekommen. Jogger liefen schwer atmend an ihr vorbei, ein Pärchen mit einem Hund, das zehn Meter vor ihr ging, stritt miteinander. Streng genommen, streitet nur sie, dachte Nina, während sie die beiden beobachtete. Er schwieg. Was seine Freundin offenbar noch mehr in Rage brachte.

Nina überholte das Pärchen, passierte den Spielplatz, fing im Augenwinkel besorgte Mütter- und müde Väterblicke auf. Für einen Moment setzte sie sich wenige Meter dahinter auf eine Bank und blickte auf die kleine Insel, die mitten im See lag. Ein rundes Stück Erde, bewachsen mit kleinen Bäumen, großen Büschen und Sträuchern. Nina seufzte leise. Jetzt auf einer einsamen Insel verweilen, ohne nervige Mütter und lästige Suspendierungen.

Sie lief weiter, vorbei an der *Düne 13*, einer Bar mit aufgeschüttetem Strand und einem Beachvolleyballfeld, auf dem einige Studenten ganz passabel den Ball übers Netz pritschten. Es war einer der besseren Frühlingstage in Bielefeld, mild, mit nur ein paar launigen Wolken am Himmel. Einige Liegestühle waren besetzt und die fröhliche Atmosphäre ließ Nina schneller gehen. Sie sehnte sich nach Alleinsein. An der Talsperre blieb sie eine Weile stehen, blickte auf die hinabfließenden Wassermengen und lauschte dem Rauschen.

Eine halbe Stunde später saß sie wieder in ihrem Auto. Auf dem Rückweg stellte sie den Tempomat auf 45 km/h. Langsamkeit dämpfte Rage.

Als sie ihre Wohnungstür öffnete, stellte sie seufzend fest, dass sich noch immer keine fleißigen Hauselfen erbarmt hatten, ihre längst gelieferten Möbel aufzubauen. Im Schlafzimmer stapelten sich um ihre Matratze Umzugskartons und Pakete, in denen Einzelteile darauf warteten, zu einem großen Ganzen zusammengebaut zu werden.

Nina ließ sich auf die Matratze fallen. Kaum hatte ihr Körper den Schaumstoff berührt, ertönte die schrille Wohnungsklingel.

»Wer zur Hölle …?« Sie raffte sich auf und ging zum Türöffner. »Hallo?«

»Guten Abend, Frau Gruber. Tim Brüggenthies von der

Kripo. Darf ich hochkommen? Ich kann Ihnen auch meinen Dienstausweis zeigen.«

Nina schloss die Augen. Sie wollte ihn jetzt nicht hier haben. Sie war müde. Und drückte trotzdem den Türöffner. Schnell prüfte sie im Flurspiegel ihr Äußeres, strubbelte sich durch ihr kurz geschnittenes Haar, strich ihre widerspenstigen Augenbrauen glatt und überlegte kurz, ob sie das T-Shirt nicht doch in die Hose stecken sollte. Es war zu spät. Brüggenthies erklomm den letzten Treppenabsatz.

»Guten Abend, was verschafft mir die Ehre?«, begrüßte sie ihn an der Haustür.

Er stand in Lederjacke und Jeans vor ihr und sah verdammt sexy aus. »Darf ich reinkommen? Ich habe auch Wegzoll mitgebracht.« Er deutete auf die zwei Pilsflaschen in seiner rechten Hand.

»Na gut, komm rein. Auch wenn der Wegzoll bei mir eigentlich mindestens eine Kiste beträgt.«

Sie ging zur Seite und er direkt ins Wohnzimmer.

»Ich würde ja sagen, du hast es gemütlich hier, aber dann würde ich lügen.« Tim drehte sich einmal im Kreis und blickte anschließend hoch zur Birne, die nackt über ihm in einer Fassung hing.

»Lass uns auf den Balkon gehen, da ist es schöner«, entgegnete sie.

Tim folgte ihr und schaute überrascht, als sie draußen standen. »Hier ist doch auch nichts! Kein Tisch, kein Stuhl …«

Sie deutete auf den Teutoburger Wald. »Aber die Sicht ist ja wohl der Hammer! Wir können uns an die Balustrade lehnen und bei wunderschöner Aussicht unser Pils trinken. Was braucht man mehr?«

Er schüttelte den Kopf. »Du bist eine so gute Gastgeberin wie Kneipenbegleitung.«

»War das versteckte Kritik?«

»Nee, mit versteckt haben wir es hier nicht so, Frau Gruber. Ach so, bevor ich das vergesse: bitte schön.« Er holte aus der Innentasche seiner Jacke ein Papier und überreichte es ihr. Darauf standen die fünf Namen von Yasemins Liebschaften mit vollständigen Adressen. »Der zweite auf deiner Liste hatte mal ein kleines Problem wegen Steuerhinterziehung, ansonsten sind alle sauber.« Brüggenthies öffnete die Flaschen am Fenstersims und reichte Nina eine.

»Cheers und danke.« Sie stießen an.

»Das kostet dich ein Arminia-Ticket.«

»Du hast doch eine Dauerkarte!«, antwortete Nina irritiert.

»Ich meine ja auch die für dich, wenn du mich das nächste Mal begleitest.«

Nina schaute auf ihr Bier und ließ den Zeigefinger schweigend über die Öffnung kreisen.

»Ach so«, antwortete sie nach einer gefühlten Ewigkeit.

»Mann, Frau Gruber, du bist aber auch echt ein schwieriger Brocken.« Nun trank er sein Bier in einem Zug leer, stellte die Flasche auf den Fenstersims ab, klopfte ihr auf die Schulter und verabschiedete sich mit den Worten: »Ich find schon selber raus.«

Nina starrte weiter auf den Teutoburger Wald und hoffte, das Bier würde den Kloß in ihrem Hals wegspülen.

Tat es nicht.

Doch sie wusste, was sie ablenken würde. Der Abend war noch jung.

18.

Kurz nach der *Tagesschau* bog Nina in ein teures Wohnviertel ein, das unterhalb der Sparrenburg, dem Wahrzeichen der Stadt, lag. Yasemin zeigte einen exklusiven Geschmack. Marcel Brinkmann war der fünfte auf der Liste. Vier hatte Nina bereits abgehakt.

Der Erste, ein durchtrainierter Fitnesscoach Mitte dreißig, konnte sich an Yasemin zunächst gar nicht erinnern. Dass sie nur eine Nummer unter vielen gewesen sei, hatte er Nina glaubwürdig zu verstehen gegeben. Als er nach fünf Minuten angefangen hatte, auch mit ihr zu flirten, waren die letzten Zweifel ausgeräumt.

Nummer zwei war im selben Alter wie Yasemin, für ihr Beuteschema ungewöhnlich, aber Ausreißer leistete sich ja fast jeder Mensch. Seine größte Sorge war, dass Nina seine Eltern benachrichtigen würde und die dann sein Studiengeld kürzten. Das Milchbubi-Gehabe war keine Masche und Nina wollte sich gar nicht vorstellen, wie er sich im Bett angestellt hatte.

Nummer drei und vier waren Mittvierziger, alleinstehend, gut situiert, von denen einer Nina auslachte, als sie die Sprache auf Yasemin brachte. »Ich kann mir fünf dieser Yasemins pro Tag angeln, ich muss nur eine Runde mit meinem Porsche durch die Altstadt drehen. Wieso sollte ich da einer kleinen Türkin hinterherlaufen?« Das innere Bild eines blauen Frühlingshimmels und einer weiten Wiese mit Obstbäumen hatte ihn vor einem Tritt in seine Weichteile bewahrt. Er war ein Wichser. Aber kein Stalker.

Der Vierte war der von Yasemin erwähnte Yogalehrer und mit seiner sanften Art ein wohltuender Gegenpol zu Nummer drei. »Yasemin ist eine nette junge Dame, mit der ich für einen kurzen Augenblick eine Strecke gemeinsam gehen durfte. Sie ist ein guter Mensch. Wussten Sie, dass sie in der Bielefelder Flüchtlingshilfe aktiv ist?«

Nein, wusste Nina nicht. Aber wahrscheinlich hatte Yasemin für diese Geschichte noch eine Tasche mehr geschenkt bekommen.

Nun also der Letzte auf der Liste. Nina stellte ihr Auto im Halteverbot ab und klingelte an einem villenähnlichen Haus. Es war niemand da. Wäre ja auch zu schön gewesen. Sie schaute durch die Glasscheibe neben der Haustür ins Innere.

Ein Blick wie ein Bild aus einem Möbelkatalog. Ein Designerstück stand neben dem nächsten. Und offensichtlich war wirklich niemand zu Hause.

»Der Herr Brinkmann ist im Urlaub«, ließ eine weibliche Stimme sie zusammenzucken. Im Nachbarbeet stand eine Frau Mitte fünfzig zwischen ihren beiden Rhododendren und knipste die verwelkten Blüten ab. Dabei war sie so adrett gekleidet, als wollte sie sich im Anschluss hinter einen Bankschalter stellen.

»Ach so, tja, wie schade. Wissen Sie, wann er wiederkommt?«

»Er ist gerade erst auf die Malediven geflogen. In drei Wochen. Ich kümmere mich solange um seine Post.« In ihrem Gesicht stand Stolz.

Nina nickte und verabschiedete sich.

Geld schützte vor Dummheit nicht. Hätte nur noch gefehlt, dass die Nachbarin ihr den Hausschlüssel überreicht hätte. Wie blöd musste man sein, einer wildfremden Person zu erzählen, wie lange ein Haus leer stand? Nina stieg in ihr Auto. Offenbar kamen die Aufklärungsaktionen der Polizei über Wohnungseinbrüche wirklich kaum bei den Leuten an.

Nun gut, Nummer fünf musste also warten.

19.

Ihr Singleleben hatte viele Vorteile. Sie musste auf niemanden Rücksicht nehmen. Sie konnte mittig auf Senftuben drücken, ohne dass jemand meckerte. Sie sparte sich langweilige Fernsehabende zu zweit und Streits bei IKEA, weil man sich nicht auf ein Sofa einigen konnte. Ihr blauer elektrischer Freund im Nachttisch war ihr ein zuverlässiger Begleiter geworden, der höchstens um neue Batterien bat, nie aber um einen Kaffee am Morgen danach.

Dann aber gab es diesen Moment, in dem sie eine Aufbau-anleitung aufschlug und das Symbol sah, das unmissver-ständlich sagte: Der Aufbau kann nur gelingen, wenn zwei Leute am Werk sind. Nina hörte immer ein *Ätschibätsch* dahinter. *Zwei Leute, ätschibätsch.*

Den Vormittag hatte sie damit zugebracht, zwei Regale aufzustellen und einen Nachttisch. Beim Versuch, ihr Bett alleine aufzubauen, musste sie kapitulieren. In ihrer alten Jeans und einem weißen Shirt mit Graustich lief sie barfuß durch das Treppenhaus hinunter zu Yasemin in den Kiosk. Doch hinter der Theke stand nicht Yasemin, sondern deren Cousin Berkan.

»Warum?«

Berkan blickte desinteressiert von seinem Smartphone hoch. »Hm?«

»Warum bist du hier und nicht Yasemin?«

»Yasemin hat mich eben angerufen. Sie muss was Drin-gendes erledigen.«

»Ist das Dringende über vierzig?«

Berkan schenkte Nina ein halbherziges Lächeln und blick-te wieder auf sein Display. »Nein, Mann, sie ist oben bei Dorothee.«

Wortlos verließ Nina den Kiosk, ihr Gefühl hatte sie nicht getäuscht. Die beiden führten etwas im Schilde. Sie klingelte oben an der Wohnungstür und wenige Sekunden später ertönte der Türsummer. Als sie Dorothees Wohnzimmer betrat, traute sie ihren Augen kaum.

Rechts neben dem Schreibtisch hatten die zwei eine Mag-netwand angebracht. In der linken Hälfte stand mit einem dicken Stift *Adil.* Darunter in Spiegelstrichen:

- *Fundort Leiche: Altpapiercontainer, Siegfriedstraße*
- *Angebliche Todesursache: K.-o.-Tropfen, Überdosis*
- *Tatsächliche Todesursache: Mord*

- *Kanzlei: Da stinkt was gewaltig.*
- *Weitere Verdächtige: ?*
- *Tim Brüggenthies: sauberer Bulle, aber faul*

Auf der rechten Seite stand:

Yasemins Stalker: Verbindung oder nicht?

»Ich hab euch doch schon gesagt, dass das eine mit dem anderen nichts zu tun hat!«, stieß Nina zur Begrüßung hervor.

Die beiden saßen vor Dorothees Computer und machten keine Anstalten, ihr groß Aufmerksamkeit zu schenken.

»Was soll das hier alles? Dorothee, glaubt ihr ernsthaft, weil ihr jeden Sonntag zusammen *Tatort* guckt, könnt ihr mehr als die Polizei?«

»Wahrscheinlich nicht«, antwortete Dorothee. »Aber einen Versuch ist es allemal wert.«

Yasemin nickte zustimmend und starrte wieder auf den Monitor, während Dorothee mit der Maus hantierte und dabei ihre Zunge zwischen den Lippen sehen ließ.

»Beiß dir deine Zunge nicht ab. Was macht ihr da überhaupt?«

»Das möchtest du nicht wissen.«

»Das möchte ich nicht … doch, das würde ich in der Tat echt gerne wissen!« Nina stemmte ihre Hände in die Hüften.

Nun unterbrach Dorothee ihre Arbeit doch. »Du hast deutlich gemacht, dass du der Polizei vertraust. In Ordnung. Wir nicht. Und es geht hier nicht um ›das Opfer‹, sondern um Adil. Einen jungen Mann, der sein Leben noch vor sich hatte und den Yasemin sehr schätzte. Wir haben einige Indizien, dass da gehörig was faul ist, und wir werden dem nachgehen. Mit dir oder ohne dich. Lieber mit dir. Und wir werden bei dieser Kanzlei *Dresing & Partner* anfangen.«

Nina stutzte. »*Dresing & Partner?*«

»Ja, da hat Adil doch gearbeitet«, sagte Yasemin.

»Einen Moment«, Nina hob den Zeigefinger und deutete an, dass sie gleich zurückkäme. In ihrer Wohnung griff sie zu ihrem Handy.

»Hallo?«, hörte sie Hettas kratzige Stimme.

»Hi, hier ist Nina. Leg nicht auf, ich will nicht über den Pflegedienst streiten. Ein anderes Mal vielleicht. Wie hieß die Kanzlei, für die dein gesetzlicher Betreuer gearbeitet hat, bevor ihm gekündigt wurde?«

»Das waren die Arschlöcher von *Dresing & Partner*«, gab Hetta zurück. »Aber immerhin habe ich von den Schweinen ja das Geld zurückgekriegt und der Betrüger wurde gefeuert. War, denk ich, hilfreich, dass ich damals sagen konnte, dass meine Tochter bei der Polizei arbeitet.«

»Danke für die Info. Ich schau die Tage mal rein.« Nina legte auf, stellte sich ans Fenster und ließ ihren Blick über die bewaldeten Hügel streifen. Sie war hin- und hergerissen. Sie konnte noch einmal mit Brüggenthies sprechen. Das würde aber nichts ändern. Schwarze Schafe unter gesetzlichen Betreuern konnten eben mal vorkommen. Wegen der Geschichte mit ihrer Mutter würde die Polizei Adils Fall nicht noch mal aufrollen. Würde sie selbst verdeckt ermitteln, hätte sie alle Freiheiten. Als Polizistin waren einem häufig die Hände gebunden. Recht und Gerechtigkeit waren oft genug zwei verschiedene Paar Schuhe. Und was hatte sie noch groß zu verlieren?

»In Ordnung. Ich bin dabei. Wie sieht euer Plan aus?«, sagte Nina, nachdem sie in Doros Wohnung zurückgekehrt war.

Yasemin und Dorothee schauten sie erstaunt an.

»Ähem … nich' so ganz legal«, antwortete Yasemin.

»Ach?« Nina hob die Augenbrauen.

»Na ja, du bist ja Bulle und so, vielleicht kriegste dann Ärger oder du verpfeifst uns womöglich.«

»Yasemin! Nina ist eine Ehrenfrau. Die verpfeift uns nicht! Stimmt's?« Doro schenkte ihrer Mieterin einen unsicheren Blick.

»Hört zu. Ärger habe ich genug am Hals. Aber ich habe persönliche Gründe, euch zu helfen. Also glaubt mir, ich verpfeife euch nicht.«

Die beiden sahen sich kurz an und Dorothee nickte. »Ich habe eine Stellenanzeige im Internet gefunden. *Dresing & Partner* suchen eine Sekretärin.«

Nina war sofort klar, was das bedeutete. »Okay, ihr wollt jemanden einschleusen. Das Problem ist jedoch: Du verlässt nicht das Haus, schon vergessen?«

»Nein, ich nicht. Aber sie.« Dorothee zeigte auf Yasemin.

Nina schluckte und suchte nach Worten. »Krieg das jetzt nicht in den falschen Hals, Yasemin. Aber du bist Friseurin. Du hast keine Chance, da genommen zu …«

»Genau daran arbeiten wir gerade.« Dorothee rollte mit ihrem Stuhl weg vom Bildschirm, sodass Nina freie Sicht hatte. Sie trat näher und erkannte ein Zeugnis. Mit sehr guten Noten. Offenbar ein Arbeitszeugnis einer türkischen Firma.

»Was ist, wenn die da anrufen?«

»Dann geht meine Cousine zweiten Grades in Istanbul dran. Sie wird mich in den höchsten Tönen loben.«

Nina blickte noch einmal auf das IHK-Zeugnis. So schnell wurde man Bürokauffrau mit Bestnoten. »Das ist gut gefälscht. Das machst du doch nicht zum ersten Mal.«

Dorothee lächelte. »Ich verweigere die Aussage. So gut kennen wir uns noch nicht.«

»Na gut, während du weiter Urkunden fälschst, sollten wir beide uns auf das Sofa setzen und für dein Bewerbungsgespräch üben«, wandte sich Nina an Yasemin. »Das macht ohnehin mehr Spaß, als Möbel aufzubauen.«

20.

Halb sieben ist keine Uhrzeit, sondern eine Frechheit, dachte Nina, als ihr Wecker klingelte. Sie konnte sich glücklich schätzen, einen so kurzen Weg zum Kiosk zu haben, sonst hätte sie noch früher aufstehen müssen. Yasemin hatte tatsächlich die erste Hürde genommen und war zum Vorstellungsgespräch bei *Dresing & Partner* geladen. Damit sie sich in Ruhe darauf vorbereiten konnte, hatte Nina zugesagt, für sie im Kiosk einzuspringen. Mühsam zwang sie sich aus dem Bett, putzte sich mit halb geschlossenen Augen die Zähne und zog sich lustlos Jeans und Pulli über. Schwerfällig stieg sie die Treppe hinab, um alles für die frühe Kundschaft vorzubereiten. Der Kaffee musste aufgebrüht, die Brötchen geschmiert werden.

Beinahe wäre sie über das Päckchen gestolpert, das auf der Treppe vor der Tür zum Kiosk lag und das jemand mit einer akkuraten Schrift an Yasemin adressiert hatte. Nina hob es vorsichtig hoch, es war unfrankiert. Als der Kaffee durchlief und sie die Brötchen für die Auslage fertig belegt hatte, öffnete Nina das Päckchen.

Darin lag ein kleinerer Karton. Sie hob den Deckel an. Die Augen einer toten Ratte blickten ihr entgegen. Reflexartig schloss sie den Karton wieder. In dem Moment betrat der erste Kunde den Kiosk und Nina schob die Postsendung diskret unter den Tresen. Damit schied Nummer fünf als Stalker aus. Der war noch auf den Malediven.

»Marco, moin, was macht die Baustelle? Kommt ihr voran mit den Kanalarbeiten?«

»Jau, läuft bald wieder. Ich krich 'n Kaffee und 'n Salamibrötchen. Und eine Packung Tabak!«

Als Marco sich verabschiedet hatte, rief Nina bei Dorothee an. »Ich kann hier nicht weg. Aber ich habe schlechte Nachrichten: Der kranke Typ hat Yasemin heute eine tote Ratte geschickt.«

»Ach nee ... Dann habe ich sehr gute Nachrichten für dich. Komm zu mir hoch, sobald Berkan dich abgelöst hat.«

Der Deckel des Terrariums war geöffnet und Dorothee legte eine Heuschrecke hinein, als Nina das Wohnzimmer betrat.

»Ich hätte noch eine tote Ratte im Angebot, mag die Spinne die vielleicht auch?« Nina blieb einige Meter entfernt vom Terrarium stehen und sah mit einer Mischung aus Ekel und Faszination auf die schwarze Erscheinung.

»Wer so etwas streicheln kann, der muss sich doch auch trauen, vor die Tür zu gehen!«

Dorothee lachte und legte die Abdeckung wieder auf das Terrarium. »Möchtest du einen Tee?«

»Ja, gerne. Die fünf Tassen Kaffee in meinem Magen freuen sich bestimmt über etwas Abwechslung.«

»Ich habe heute einen wunderbaren Jasmintee geschickt bekommen, probier mal.« Doro reichte ihr eine Tasse und sie setzten sich gemeinsam an den Wohnzimmertisch.

»Mhm ... schmeckt gut!« Nina wärmte ihre Hände an der Tasse. »Sag mal ... wann hast du eigentlich das letzte Mal probiert, deine vier Wände zu verlassen?«

Doro nahm sich einen Keks aus der Porzellandose. »Vor einem guten Jahr. Mit Yasemin. Es hat nicht geklappt. Um genau zu sein, war es schrecklich. Ich habe es bis zum Treppengeländer im Hausflur geschafft. Dann dachte ich, ich kriege einen Herzinfarkt. Ich konnte nicht mehr atmen, mir wurde schwindelig. Yasemin hat mich zusammen mit dem Nachbarn wieder zurückgebracht. Und bevor du fragst, ich bin nicht in Therapie. War es aber viele Jahre lang. Im Moment gönne ich mir eine Pause. Und für Notfälle habe ich ein paar gute Medikamente in der Schublade.«

Nina lehnte sich zurück. »Es ist nur so ... Du bist so eine resolute, intelligente Frau. Wie können die Ängste da stärker sein als du? Wieso lässt du das zu?« Nachdem sie die Frage gestellt hatte, hatte Nina Sorge, dass sie Dorothee damit verletzt hatte, doch die lächelte.

»Das frage ich mich auch manchmal. Aber im Moment ist das nicht die richtige Frage für mich. Im Moment möchte ich lernen, alles loszulassen. Mich so zu nehmen, wie ich bin.«

»Während du loslässt, kann ich ja vielleicht anpacken! Wer ist Schuld an deinen Ängsten und gibst du mir die Adresse der Person?«

Doro lachte nun laut. »Du bist herrlich! Meine liebe Nina, ich habe ein gutes Leben. Ich habe liebe Menschen um mich herum und bin frei. Das war mal anders. Ich hab viel zu früh geheiratet, war dumm und jung. Er war so charismatisch, meine Güte, was hat der Mann mich verzaubert! Aber nach unserer Hochzeit begann die Hölle. Er war cholerisch. Völlig unkontrollierbar. Die Schläge taten nicht so weh wie der Psychoterror. Nach außen gab er den besten Ehemann, den man sich vorstellen konnte. Meine Freundinnen haben mich beneidet. Er sah gut aus, hatte Geld, war charmant. Es war schrecklich. Ich habe das viel zu lange mitgemacht. Aber es gab auch andere Zeiten! Als ich schwanger wurde, dachte ich, jetzt würde alles besser werden. Er hatte sich auf das Kind gefreut. Dann, eines nachts, trat er mir so heftig in den Bauch, dass ich eine Fehlgeburt erlitt.« Doros Stimme war immer leiser geworden. Sie hielt inne, nahm einen Schluck Tee und blickte zum Terrarium, in dem sich die Spinne über die Heuschrecke hermachte. »Ich habe das Kind verloren, aber die Kraft gefunden, mich von ihm zu trennen. Ich suchte mir eine eigene kleine Wohnung, irgendwann ließ er mich dann in Ruhe. Aber die Narben blieben. Am Anfang bin ich noch aus dem Haus gegangen, Agoraphobie kommt bei manchen Menschen schleichend. Irgendwann fühlte ich mich nur noch in meinen eigenen vier Wänden sicher. Es gibt nur eine Sache, um die es mir leidtut: Ich hätte gerne mehr von der Welt gesehen. Als junge Frau habe ich Reisereportagen verschlungen. Die Pyramiden von Giseh, zum Beispiel, oder die berühmte Tempelanlage Angkor Wat – es hätte mich sehr gereizt, dort hinzureisen. Aber wer weiß, irgendwann in diesem Leben steigt der FC Bayern vielleicht mal ab, du findest deine große Liebe und ich steige in einen Flieger. Alles ist möglich.«

Nina spürte, dass es an der Zeit war, das Thema zu wechseln. »Bevor ich mich auf die Suche nach meiner großen Liebe begebe, will ich erst mal Yasemins Stalker finden. Du hast also gute Nachrichten für mich? Schieß los!«

»Ganz genau. Ich konnte heute Nacht nicht schlafen. Ich kann oft nicht schlafen. Also kann ich die Zeit auch sinnvoll nutzen und gucke jetzt regelmäßig aus dem Fenster.«

»Äh, das ist schön für dich, aber …«

»Aus dem Fenster, aus dem man direkt auf die Siegfriedstraße blickt, an der …«

»… der Kiosk liegt.«

Dorothee schob Nina einen Zettel über den Tisch. Darauf war ein Kennzeichen vermerkt.

»Ein grauer Volvo ist nach Mitternacht hier vorbeigefahren. Er wurde langsamer in Höhe des Kiosks, dann verschwand er aus meinem Blickfeld.«

Nina nickte. »Gute Arbeit.«

»Ist er das?«

»Das werden wir bald wissen. Und die Sache mit der Ratte, die bleibt am besten unter dir, mir und … hat das Vieh eigentlich auch einen Namen?« Sie deutete auf die Vogelspinne.

»Natürlich. Darf ich vorstellen: Das ist Thekla.«

21.

Mit einer Zeitschrift im Schoß saß Nina auf Dorothees Sofa, blickte durchs Fenster nach draußen und wartete gemeinsam mit ihrer Vermieterin auf Yasemin, die hoffentlich bald eintreffen würde. Endlich ertönte die Klingel und die beiden konnten es vor Spannung kaum aushalten. Dorothee hatte sich, nachdem sie den Türsummer gedrückt hatte, schnell an den Computer gesetzt, um beschäftigt auszusehen. Nina blätterte nun bemüht entspannt durch die Zeitschrift. Als Yasemin das Wohnzimmer betrat, sprach ihr Gesicht Bände. Nina ließ die Zeitschrift sinken.

»Nicht so gut gelaufen?«, fragte Dorothee sanft, obwohl die Antwort schon im Raum stand.

Yasemin senkte den Kopf.

Doro eilte zu ihr und legte ihr die Hand auf die Schulter. »Du hast dein Bestes gegeben, das war quasi nicht zu schaffen, wir werden …«

Plötzlich hob Yasemin wieder ihren Kopf und grinste die beiden an. »Vielleicht sollte ich über eine Karriere als Schauspielerin nachdenken. Vor euch steht die neue Sekretärin der Notar- und Anwaltskanzlei *Dresing & Partner*.« Sie drehte sich im Kreis, schwang ihre Hüften gekonnt sexy und juchzte. »Ich. Bin. Die. Beste!«

Dorothee und Yasemin fingen beide an zu kreischen und Nina hielt sich die Ohren zu.

»Frauen. Nicht zum Aushalten!«, sagte sie scherzhaft, nachdem die beiden sich wieder beruhigt hatten. »Nicht schlecht, du Küken, da hat unser Bewerbungstraining ja was gebracht. Und die gefälschten Zeugnisse, natürlich«, ergänzte sie und nickte Dorothee anerkennend zu.

»Auch, ja. Und eine Quotentürkin, die ganz nebenbei

echt heiß aussieht, macht sich einfach gut in einer Bielefelder Kanzlei.« Yasemin warf Nina einen lasziven Blick zu.

»Ich bin mir nicht sicher, ob ich alle Details von diesem Bewerbungsgespräch hören will. Du hast den Job. Glückwunsch! Jetzt fängt die Arbeit aber erst richtig an. Du musst herausfinden, an welchem Fall Adil zuletzt …«

»Jaja, Frau Polizistin.« Yasemin grüßte in Soldatenmanier. »In zwei Tagen fang ich an. Aber für heute steht Feiern auf dem Stundenplan.« Aus ihrer Tasche zog sie einen kleinen Beutel.

Nina seufzte. »Das ist nicht dein Ernst.«

»Oh, wie wunderbar, gekifft habe ich zuletzt während meines Studiums. Ich hole den Gin.« Dorothees Stimme klang verzückt.

»Es ist vier Uhr am Nachmittag!«, protestierte Nina.

»Man muss die Feste feiern, wie sie fallen«, konterte Doro und stellte Gläser und Flaschen auf den Tisch. Yasemin hatte es sich bereits auf dem Sofa bequem gemacht und drehte den Joint.

»Na schön, ich habe gegen euch ja ohnehin keine Chance«, gab Nina auf und goss sich ein Glas Gin Tonic ein. »Seit ich zurück in Bielefeld bin, bin ich auf dem besten Weg, Alkoholikerin zu werden.«

»Gib die Schuld nicht dieser Stadt, die muss schon genug ertragen«, rügte Dorothee.

»Nein, keine Sorge. Ich gebe euch die Schuld. Mit euren Zweiundzwanzigspielchen und Saufen am Nachmittag und …«

»Musik, wir brauchen Musik.« Doro ging zu ihrem Plattenspieler und legte eine Platte von Bob Marley auf.

»Okay. Viel mehr Klischee geht nicht. Wäre das eine Szene im Film, würde ich sagen: viel zu platt!« Nina schüttelte lächelnd den Kopf.

Yasemin hielt Nina den fertig gedrehten Joint hin. »Hier, zünd an und entspann dich mal.«

Nina nahm den ersten Zug, hielt den Rauch für einen Moment in der Lunge und reichte die Tüte weiter an Dorothee.

»One good thing about music, when it hits you, you feel no pain«, murmelte die.

»Hat der das gesagt?« Yasemin deutete auf die Boxen und Dorothee nickte.

Für eine Weile lauschten sie *Buffalo Soldier* und ließen den Joint kreisen.

»Wie war's heute im Kiosk?«, fragte Yasemin plötzlich.

»Gut«, antwortete Nina und fügte nach einer Weile in einem möglichst beiläufigen Ton hinzu: »Da fällt mir gerade ein, hattest du mal was mit einem Typen, der einen Volvo fuhr?«

»Einen Volvo? Wie unsexy!« Yasemin kicherte.

»Ich deute das als ein Nein.« Nina leerte ihr Glas und füllte sich nach.

»Wieso interessiert dich das?«

»Nur so. Ich überlege, mir einen zu kaufen«, log sie.

»Da fragst du die Falsche. Ich habe nicht mal einen Führerschein.«

»Waaas?«, entfuhr es Dorothee und Nina gleichzeitig.

Yasemin verdrehte die Augen. »Ist das jetzt wieder so ein Fleischthema? Echte Männer essen Fleisch und emanzipierte Frauen fahren Auto?«

»Ja«, antwortete Nina.

»Nein«, sagte Dorothee gleichzeitig. »Aber ein Auto bedeutet ein Stück Freiheit. Du bist noch jung, wer weiß, was sich alles noch so ergibt in deinem Leben.«

»Egal, was sich ergibt, es wird immer eine Stadtbahnhaltestelle in der Nähe geben, an der ich einsteigen kann.«

»Liegt's am Geld?«, ließ Nina nicht locker.

»*Yapma* – wollten wir heute nicht feiern? Ich bin durch die mündliche geflogen, okay? Es war ein ätzendes Gefühl, vorne beim Prüfer zu stehen, der genüsslich die Punkte zusammenzählte und dann ›tja‹ sagte. *Tja.* Ich höre seine Stimme immer noch. Seid ihr jetzt zufrieden? Ich hab heute diesen Job an Land gezogen. Wenn ihr unbedingt über Niederlagen reden wollt, bitte schön! Doro, warum trauste dich denn seit ewig nicht mehr aus deiner Wohnung? Haste mir nie erzählt.«

»Yasemin!« Nina schnellte vom Stuhl hoch, auf dem sie gemütlich zusammengesackt war.

Doro winkte ab. »Jetzt bleib mal ruhig, sie hat doch recht.« Sie ließ sich von Yasemin den Joint geben und nahm einen tiefen Zug.

»Ich habe mich vor vielen Jahren aus einem Gefängnis befreit, um mir dann selbst ein Neues zu bauen. Mit dem Unterschied, dass ich hier wenigstens die Wandfarbe bestimmen kann.« Doro formte Kreise mit dem Rauch, den sie aus ihrem Mund strömen ließ.

»Okay, ich lass das als Antwort durchgehen, wenn du mir zeigst, wie du das machst.« Fasziniert blickte Yasemin den Kreisen hinterher, bis diese sich langsam in der Luft auflösten.

»Himmel, werd nie Polizistin. Im Verhör wärst du eine Niete!« Nina warf sie mit einer halb vollen Tüte Chips ab.

Es begann mit Yasemins leisem Glucksen, in das Dorothee bereitwillig einstieg.

»Nein, da mach ich nicht mit, lasst das sein!«, wehrte sich Nina noch kurz, ehe sie merkte, wie ihre Mundwinkel automatisch nach oben gingen und sie die Kontrolle über ihre Lachmuskeln verlor.

Einige Stunden und ein paar Gins später lag Nina auf ihrer Matratze im Schlafzimmer, das Fenster war weit geöffnet. Ihre Bauchmuskeln taten vom Lachen immer noch weh. Der große Rausch war mittlerweile verflogen, es blieb ein duseliges, schweres Gefühl in ihrem Körper. Als Nina zum Handy griff und die Nummer wählte, biss sie sich auf ihre Unterlippe. Das tat sie immer, wenn sie wusste, dass das, was sie vorhatte, keine sonderlich gute Idee war.

Es tutete.

Tim Brüggenthies um halb zehn abends nach einer halben Flasche Gin und zwei Joints anzurufen, war wirklich keine gute Idee.

Es tutete noch immer.

Aber sie hatte ja einen guten Grund. Quasi dienstlich.

Es tutete weiter.

Sie legte auf. Und war enttäuscht.

War er noch sauer? Gut, sie war etwas kühl gewesen, aber deshalb musste er doch nicht gleich die beleidigte Leberwurst spielen.

Das Vibrieren neben ihrer Matratze ließ sie zusammenzucken. Sein Name leuchtete auf dem Display auf. Langsam zählte sie bis drei, ehe sie den Anruf annahm.

»Guten Tag, Herr Polizist.«

»Bist du betrunken?«, fragte er zur Begrüßung.

»Nicht mehr so richtig.«

»Schade. Was kann ich für dich tun?«

Irrte sie sich oder klang seine Stimme kühler als sonst?

»Schade? Ähem, wie dem auch sei, ich wollte dich …«

»… um einen Gefallen bitten. Natürlich. Was ist es dieses Mal?«

Nina schwieg. Ja, es fegte definitiv ein eisiger Wind durch diese Leitung.

»Es tut mir leid, zwischenmenschlich bin ich oft ein Idiot, das hat seine Gründe. Ich finde dich aber echt ganz knorke, wirklich. Und ja, es wäre nett, wenn du ein Nummernschild überprüfen könntest – für einen guten Zweck, du weißt schon, dann lasse ich dich damit auch in Ruhe. Gibt auf das Arminia-Ticket zwei Runden in der *Zwiebel* obendrauf. Hab ich das gerade alles gesagt?«

»Du bist definitiv betrunken.«

Sie meinte, ein Lächeln in seinen Worten zu hören, und atmete tief durch.

»Und bekifft«, ergänzte sie wahrheitsgemäß.

»Wahrscheinlich hast du heute auch Fleisch gegessen. Schäm dich. Und jetzt sag an.«

Sie gab ihm das Nummernschild durch. »Danke, Herr Polizist.«

»Schlaf deinen Rausch aus.« Er legte auf.

Binnen Sekunden war Nina – noch mit dem Handy in ihrer Hand – eingeschlafen.

22.

Ein fieser Fieselregen regnete auf Bielefeld herab. So hatte seine Mutter diesen Regen genannt, der ganz schwach schien, aber einen trotzdem bis auf die Knochen durchnässte. Dazu gesellten sich üble Windböen. Perfektes Beerdigungswetter.

Der Audi blickte ihn traurig aus seinen alten Scheinwerfern an. Das war natürlich Quatsch. Aber er gab zu, dass ihm der Abschied nicht leichtfiel. Zehn Jahre hatte der Wagen ihm gute Dienste geleistet.

»Wolln Se den echt verschrotten, der is' doch noch top in Schuss«, hatte der Mitarbeiter des Schrottplatzes zu ihm gesagt. Natürlich war der Audi noch gut in Schuss. Den Innenraum hatte er jeden Samstag gereinigt und gepflegt. Einmal im Monat war das Auto gewaschen und gewachst worden. Von Januar bis Dezember. Keine Ausnahme. Man geht mit seinen Dingen pfleglich um, hatte seine Mutter immer gesagt. Pfleglich schloss aus, Leichen im Kofferraum zu transportieren. Da konnte er noch so viel schrubben, er würde sich in dem Auto nicht mehr wohlfühlen. Es war besser so.

Als die Karosserie des Autos durch die Metallpresse gedrückt wurde, fühlte er, wie ihm ein kleiner Stein vom Herzen fiel. Wahrscheinlich würden seine schlechten Träume jetzt schneller verblassen. Den Nachmittag wollte er nutzen, um sich einen neuen Kleinwagen anzuschaffen. Ein Gebrauchtwagen reichte. Wenn er nicht gerade Urlaub hatte, war er ohnehin mit dem Dienstauto unterwegs. Das brachte sein Job als Fahrer so mit sich. Er nahm seine hundert Euro entgegen, nickte dem Schrottplatzmitarbeiter noch kurz zu und ging durch den Fieselregen zu Fuß in Richtung Autohaus. Er fuhr nie mit der Stadtbahn oder mit dem Bus. Zu viele Menschen auf zu engem Raum. Menschen mit fettigen Haaren oder Mundgeruch. Kleine Kinder, die laut schrien, Teenager, die schreckliche Musik hörten und die anderen zwangen, unfreiwillig mitzuhören oder mit ihnen diskutieren zu müssen. Das mutete er sich bestimmt nicht zu. Er schaute auf die Uhr. Ihm blieben drei Stunden für den Autokauf. Um vierzehn Uhr hatte er einen Termin mit einem Angestellten von *Hammerberger,* dem Bauträger, um die nächsten Schritte durchzusprechen. Er war guter Dinge. Schließlich kannte man sich. So war er davor gefeit, über den Tisch gezogen zu werden. Er blickte zum wolkenverhangenen Himmel. *Siehst du Mutter, wie gut ich meinen Weg alleine gehe?*

23.

Der Wecker klingelte zum dritten Mal und Nina grummelte ihm erneut ein »Stopp!« entgegen. Die Sprachsteuerung war Segen und Fluch zugleich. Sie musste nicht einmal mehr die Hand aus dem Bett strecken.

Das war toll.

Und übel, wenn man wirklich aufstehen musste.

Nur noch einmal umdrehen, noch einmal kurz ins Schlummerland abdriften, da, wo … »Stoooooop!«

Waren schon wieder fünf Minuten vergangen? Langsam quälte sie sich hoch und lehnte sich mit dem Rücken an die Wand. Immer, wenn sie die Augen öffnete, war es hell.

Zu hell.

Nina hatte wieder einen Job. Im Kiosk. Ab sofort war sie Yasemin und Yasemin war Bürokauffrau. Sie linste auf den Wecker. Nicht gut. Der ungebrühte Kaffee und die ungeschmierten Brötchen warteten auf sie.

Punkt acht Uhr stand Erika auf der Matte und holte sich einen Kaffee ab. »Dr. Berger sagt ja, ich soll keinen Kaffee mehr trinken, wegen Bluthochdruck.« Sie winkte ab. »Aber was weiß der schon. Der kann mir doch nicht meinen Kaffee schlechtreden. Nehm ich halt eine halbe Tablette mehr. Sach ma, wie sieht's eigentlich aus? Habt ihr den Schmierfink? Und was ist mit dem armen türkischen Jungen? Yasemin sagte, ihr habt eine heiße Spur …«

»Soso, sagt sie das. Was hat sie denn sonst noch so gesagt?«

»Dass du dir erst die Finger nicht schmutzig machen wolltest, jetzt aber dabei bist. Dass sie verdeckt in der Kanzlei arbeitet und ihr oben bei Dorothee eure Kommandozentrale habt.«

Nina schlug sich die Hand vor den Kopf. »Aha. Wer weiß das noch?«

Erika zuckte mit den Schultern. »Nur Heinz. Aber der is' auch diskret. Mach dir keine Sorgen. Wir finden das gut, was ihr vorhabt. Die Yasemin, die ist ein feines Mädchen.«

Der ich heute Abend einen Einlauf geben werde, der sich gewaschen hat, dachte Nina und lächelte zustimmend. »Sag mal, Erika, wo wir gerade so nett schnacken. Ist dir in letzter Zeit hier häufiger ein grauer Volvo aufgefallen?«

»Ist er das, der Schmierfink?« Erikas Augen fingen an zu glänzen.

»Nein. Vielleicht. Ist dir so ein Wagen aufgefallen oder nicht?«

Erika schüttelte bedauernd den Kopf. »Nein, aber Autos interessieren mich auch nicht. Kann dir da dein Polizisten-freund nicht weiterhelfen?«

Was hatte Yasemin eigentlich nicht erzählt? Tatsächlich wartete sie immer noch auf Brüggenthies' Rückruf.

»Du, sag mal, der Heinz, der wäre doch eine gute Partie, findest du nicht? Ihr seid beide verwitwet, wohnt nebenei-nander ...«, ging sie zum Gegenangriff über.

»Schätzchen, du glaubst doch nicht, dass ich mir noch mal einen Mann ins Haus hole. Jetzt, wo der Willy tot ist, leb ich mein Leben. Bis zum letzten Atemzug habe ich ihn gepflegt, wie sich das gehört. In guten und in schlechten Zeiten. Aber jetzt is' Schluss. Jetzt bin ich dran!« Sie stellte den leeren Kaffeebecher kraftvoll auf den Tresen und nahm ihre Ta-sche. »Apropos, nächsten Dienstag habe ich wieder Strick-runde. Richte Yasemin aus, dass sie noch Wolle nachbestel-len muss«, sagte sie im Hinausgehen.

»Wird gemacht, Chefin!«

Erika hatte die Tür kaum hinter sich geschlossen, als Ninas Handy vibrierte.

»Ich habe gerade an dich gedacht«, begrüßte sie Tim Brüggenthies.

»War ich nackt in deinem Kopf?«

»Bist du heute derjenige, der betrunken ist?«

»Nein, nur gut drauf. Wir haben einen Fall gelöst und damit hoffentlich dauerhaft einen bösen Buben weniger auf den Straßen herumlaufen. Was machst du heute Abend?«

»Mein Bett.«

»Macht man das nicht morgens?«

»Ich muss endlich mein Bett aufbauen, ich habe langsam Rücken. Ich komm jetzt in dieses Alter, in dem man nicht mehr lange auf dem Boden schlafen kann.«

»Gut. Ich bin um zwanzig Uhr mit Pizza, Elektroschrauber und dem Namen eines Volvo-Halters bei dir. Für gekühltes Bier im Kühlschrank sorgst du.«

Er hatte es schon wieder getan. Aufgelegt, bevor Nina ein Veto einlegen konnte.

Dieses Mal duftete es nach überbackenem Käse, als Nina Dorothees Wohnung betrat. Unsere Kommandozentrale, dachte Nina halb amüsiert, halb verärgert, während sie durch den Flur ging. Yasemin hatte ihr eine Nachricht geschickt. Sie hatte Neuigkeiten aus der Kanzlei.

»Setz dich zu uns, es ist genug für alle da«, begrüßte Dorothee ihre Mieterin im Wohnzimmer. Sie und Yasemin saßen am Tisch und aßen Kartoffelauflauf. Es war Nina ein Rätsel, wie Yasemin bei so regelmäßiger Hausmannskost mit guter Butter und viel Sahne ihre Figur halten konnte.

»Nein, danke, ich esse später. Ich bin aber gespannt, was uns unsere Bürokauffrau zu erzählen hat. Wobei, früher oder später erfahre ich es ja so oder so. Wenn ich zwei Tage warte, erzählt es mir Erika bestimmt beim Morgenkaffee.«

Yasemins Wangen erröteten. »Wie meimsten das?«, fragte sie mit vollem Mund.

»Du weißt genau, wie ich das meine. Unsere Sache funktioniert nur, wenn du der Nachbarschaft nicht brühwarm alles erzählst! Du könntest uns damit in Schwierigkeiten bringen, wenn es an die falschen Leute gerät.«

»Okay«, sagte Yasemin kleinlaut. »Mir ist da vielleicht das ein oder andere beim Strähnchenmachen herausgerutscht. Ich war aufgeregt. Kommt nicht wieder vor.«

Nina nickte. »Machen wir einen Haken dran. Was hast du rausgefunden?«

»Jetzt lass das Kind doch erst mal essen, die hat den ganzen Tag gearbeitet«, mischte sich Dorothee ein.

Nina schloss die Augen. Der Bergsee lag blaugrün schimmernd vor ihr. Sie atmete die klare Luft ein und wieder aus. Ein und wieder aus. »Ich habe aber nicht den ganzen Abend Zeit«, sagte sie mit noch immer geschlossenen Augen.

»Hast du ein Date?«

Nina öffnete ihre Augen wieder. Ihr Blick ließ Yasemin das Besteck augenblicklich zur Seite legen.

»Okay, bin satt. Also …« Die Deutschtürkin legte eine Kunstpause ein und kostete den Moment sichtlich aus.

»Gestern kam so ein Schnösel in die Kanzlei, er hatte einen Termin mit Dresing. Der Typ war letzte Woche schon mal da. Norman Bayer.«

»Banker«, ergänzte Dorothee, die anscheinend schon bestens im Bilde war.

»Genau. Er ist Bankberater bei der *Deusparcom*. Seine Filiale liegt im Erdgeschoss des Hauses, in dem auch die Kanzlei ist. Praktisch, ne?! Als sich Bayer gestern von Dresing im Flur verabschiedete, sagte Bayer: ›Bei Niederkämper kannste ruhig ein bisschen mehr ansetzen, die kriegt eine ordentliche Pension.‹ Dresing hat ihm dann voll kumpelhaft auf die Schulter geklopft. Heute hat mir Dresing Briefe für die Post hingelegt. Einer davon war an eine Hannelore Niederkämper adressiert.« Yasemin holte ihr Smartphone aus ihrer Tasche. »Und das stand drin.« Sie hielt Nina das Handy hin.

»Du hast den Brief geöffnet und abfotografiert?«

»Dresing is' in die Pause gegangen, nachdem er mir die Briefe gegeben hat. Und ich musste schnell mal aufs Klo.« Sie lächelte ein Siegeslächeln.

Nina überflog den Text. »Das ist eine Zahlungsaufforderung wegen eines Abos. Viertausend Euro sind da angeblich aufgelaufen, ein absurd hoher Betrag. Das klingt für mich nach einem klassischen Troll-Anwalt. Die schreiben Abmahnungen an Leute, die im besseren Fall unwissentlich einen Fehler begangen haben. Meistens aber noch nicht einmal das. Die Anwälte drohen mit wahnwitzigen Klagen

und machen den Betroffenen Angst.« Sie zoomte den Brief-
kopf heran. »Interessant ist, dass Dresing für diese Fälle
sogar ein eigenes Inkassounternehmen gegründet hat. Die
werden das im großen Stil abziehen.«

Yasemin legte Nina einen Zettel hin. »Das sind die Adressen von den anderen Briefen. Ich schätze, in denen stand
Ähnliches drin.«

Nina nickte anerkennend. »Gute Arbeit! Jetzt fängt meine
an. Und du, Dorothee, schau doch mal, was du über diesen
Bayer im Internet herausfinden kannst.«

24.

Als sie aus der Dusche kam und in ihren Kartons nach frischer Kleidung wühlte, wählte sie bewusst keine schöne
Unterwäsche aus. Sie zog einen blauen Slip und einen weißen BH an. Eine Kombination, die nicht zusammengehörte
und die sie nie angezogen hätte, wenn sie es auf Sex angelegt
hätte. Unterwäschewahl als Selbstschutz.

Sie schlüpfte in ihre Jeans, zog ein schwarzes Shirt mit einem V-Ausschnitt an, brachte ihren Kurzhaarschnitt mit
etwas Gel in Form und legte Wimperntusche auf, denn un-
gepflegt wollte sie dann auch nicht aussehen. Die schrebbe-
lige Klingel ließ sie zusammenzucken. Wenn sie keinen
Herzinfarkt in dieser Wohnung erleiden wollte, musste sie
die Klingel bald mal austauschen.

Sie roch die Pizza, bevor sie Tim Brüggenthies im Hausflur auftauchen sah.

»Guten Abend, Frau Gruber, ich bringe Pizza und Man-
neskraft.«

»Komm rein, ich freu mich auf mein Bett.«

»Na, Sie gehen ja forsch ran.«

Sie verdrehte die Augen und führte den Kollegen ins

Wohnzimmer. »Ich habe fest vor, heute eine bessere Gastgeberin zu sein als beim letzten Mal, und habe ein provisori-
sches Esszimmer eingerichtet. Tadaa!«

»Eine Bierzeltgarnitur. Das ist … ein Fortschritt.«

»Mit Kerze und Pizzaschneider!«

»Ich bin … fast gerührt.« Er stellte die Pizzakartons auf
den Tisch und Nina holte gekühltes Bier aus der Küche.

»Das ist nicht dein Ernst«, entfuhr es ihr, nachdem Brüggenthies die Kartons geöffnet hatte. »Wenigstens eine hätte
doch mit Fleisch …« Sie beendete den Satz nicht, sondern
hob ergeben die Hände. »Schon gut, schon gut. Ich bin
dankbar, dass du überhaupt Pizza mitgebracht hast, und
noch dankbarer, dass du mir gleich bei dem Bett hilfst, und
richtig dankbar für den Namen des Volvo-Fahrers.«

»So ist's brav. Du entwickelst dich.« Er nickte ihr zu, wie
man einem Kleinkind zunickte, das zum ersten Mal in die
Toilette und nicht mehr ins Töpfchen gekackt hatte.

»Die ist wirklich lecker«, gab Nina nach dem ersten Stück
Pizza zu und nahm sich noch eins. »Hast du eigentlich gar
kein Laster? Du bist Vegetarier, Nichtraucher, immer hilfs-
bereit, wirkst ausgeglichen, besitzt einen Akkuschrauber
und arbeitest jeden Tag daran, die Welt ein bisschen besser
zu machen. Bitte verrate mir eine dunkle Seite von dir, damit
ich mich nicht komplett mies fühlen muss.«

»Ich beschäftige meine Putzfrau schwarz und habe einen
Kater als Haustier. Er heißt Garfield.«

Nina schmunzelte. »Garfield ist ein super Name für einen
Kater. Ich habe damals alle Comics gelesen, die die Bücherei
im Bestand hatte. Und ich bescheinige dir hiermit, völlig
unqualifiziert für die dunkle Seite der Macht zu sein.«

»Warte ab, wenn du siehst, was ich mit einem Elektroschrauber anstellen kann!«

»Gutes Stichwort, lieber Kollege.« Nina schob die Pizzakartons zusammen und zeigte ins Schlafzimmer. »Lass uns

bis zweiundzwanzig Uhr noch schaffen, was zu schaffen ist.«

Die Einzelteile und Schrauben hatte sie bereits ausgepackt und vorsortiert.

»So liebe ich das«, quittierte Brüggenthies wohlwollend ihre Vorarbeit.

»Ich möchte nicht wissen, wie viele Beziehungen am Aufbau eines Möbelstücks zerbrochen sind«, murmelte Nina und blickte auf die vielen Einzelteile.

»Wie gut, dass wir nur Kollegen sind, da kann uns ja nichts passieren.« Brüggenthies bückte sich und suchte erste Schrauben zusammen. »Auch auf die Gefahr hin, dass ich mich wiederhole. Aber, mal ehrlich: ein Sabbatjahr in Bielefeld?«, sagte er, während sie anfingen, Bretter aneinanderzufügen.

»Hältst du so wenig von deiner Heimatstadt?«, versuchte Nina, Zeit zu schinden.

Er setzte den Akkuschrauber an und sagte nichts.

»Meine Mutter ist psychisch krank, lebt hier und ich kümmere mich um sie«, antwortete sie schließlich, weil das Schweigen zu lang wurde.

»Depressionen?«

»Bipolar.«

Er nickte. »Halt mal das Brett fest.«

Weiter hakte Brüggenthies zu Ninas Erleichterung nicht nach. Größtenteils schweigend und konzentriert arbeiteten sie fortan Hand in Hand. Um halb elf stand das Bett mit nur einem Kratzer auf der rechten Längsseite. Brüggenthies war mit dem Akkuschrauber abgerutscht und trug nun ein Pflaster um seinen Zeigefinger gewickelt.

»Du glaubst nicht, wie weh das tut«, betonte er bereits zum dritten Mal.

»Schlimmer als Männergrippe?«, neckte Nina.

»Anders. Aber gleich schlimm. Das entzündet sich bestimmt.«

Nina musste lachen. »Ihr Männer seid doch alle gleich. Und ihr wollt das starke Geschlecht sein, das ist echt ein schlechter Witz.«

»Jaja«, grummelte Brüggenthies und schob den Nachttisch ans Bett heran. Nina ließ sich auf die Matratze fallen und atmete hörbar aus.

»Das fühlt sich viel besser an als auf dem Boden!«

»Wo ist der zweite?«, fragte er unvermittelt.

»Hm?« Sie hob ihren Kopf. »Ach so, du meinst den Nachttisch! Ich habe nur einen.«

»Wieso?«

Nina zuckte mit den Schultern. »Ich brauch doch nur einen. Ich schlafe alleine hier.«

»Wow. Das ist ja mal ein Signal an jeden Mann, der hier reinkommt. Das verletzt mein Symmetrie-Empfinden, das sieht falsch aus!« Er stand vor dem Bett und deutete entrüstet auf den Singlenachttisch.

»Dann lass uns schnell rausgehen, bevor du anfängst zu weinen.« Nina stand auf und schob ihn aus dem Raum. »Wie ist das denn bei dir zu Hause? Hat deine Katze einen eigenen Nachttisch? Und steht der neben deinem oder dem von deiner Freundin?«

Ruckartig drehte er sich um, sodass Nina vor seine Brust stieß.

»Ist das dein Weg, um galant herauszufinden, ob ich in einer Beziehung bin?« Eindringlich schaute er ihr in die Augen. Ihre Münder waren nur eine Nasenlänge voneinander entfernt.

Bevor sie etwas erwidern konnte, hatte er sich bereits wieder umgedreht und ging kopfschüttelnd weiter. »Selten einen so schlechten Versuch gehört.«

Ninas Wangen waren heiß. Sie tat ihm jedoch nicht den Gefallen, nachzuhaken. Stattdessen holte sie zwei neue Flaschen Bier aus dem Kühlschrank. Als wäre nichts gewesen, stieß sie ihre Flasche gegen seine. »Danke, dass du mir geholfen hast. Wann ist das nächste Arminia-Spiel?«

»Samstag, gegen den Karlsruher SC.«

»Bin dabei.«

»Nee, sorry, da bin ich schon verabredet.«

Ein Satz, der einem Faustschlag in ihren Magen gleichkam. »Oh, okay.«

»Hier.« Er zog ein Stück Papier aus seiner Hosentasche.

Nina faltete es auseinander. »Insa Deppe. Auf den Volvo ist eine Frau zugelassen?«

Brüggenthies nickte.

»Hmh … vielen Dank. Ich geh dem nach.«

»Das habe ich nicht gehört.«

»Da sind wir uns einig.«

25.

Nina ließ die Universität rechts liegen und fuhr stadtauswärts nach Großdornberg, einem Stadtteil, in dem die gehobene Mittelschicht sich mit rund geschnittenen Buchsbäumchen im Vorgarten zu Hause fühlte. Drei Tage hatte sie mit einer bösen Erkältung flachgelegen, nun wollte sie endlich der Sache mit den Mahnungen auf den Grund gehen. In Großdornberg wohnte Hannelore Niederkämper. Nina hatte überlegt, welche Strategie die klügste wäre, und hatte sich für einen unangekündigten Besuch entschieden. In ihrem Portemonnaie befand sich ein Ausweis, der ihr hoffentlich die Tür öffnen würde. Dorothee hatte wieder ganze Arbeit geleistet. Warum sie so gut im Fälschen von Dokumenten war, hatte Nina immer noch nicht herausgefunden.

Sie putzte sich schnell noch mal die Nase, bevor sie an der Haustür klingelte. So muss eine Klingel läuten, dachte Nina, als ein angenehm tiefes Dingdong ihren Besuch ankündigte.

Es war Mittagszeit und sie hoffte, die Rentnerin anzutreffen. Und tatsächlich öffnete ihr wenige Sekunden später eine Frau Mitte siebzig die Tür. Sie reichte Nina bis zur Schulter und trug eine schlichte dunkelbraune Stoffhose mit einem edlen beigefarbenen Pulli, der wahrscheinlich aus Cashmere war.

Skeptisch blickte sie die Fremde vor ihrer Haustür an. »Ja, bitte?«

»Guten Tag, Frau Niederkämper, mein Name ist Maria Kugler, haben Sie einen Augenblick Zeit für mich? Ich komme von der Rechtsanwaltskammer aus Hamm.« Kurz hob Nina den gefälschten Ausweis hoch.

Die Frau guckte noch skeptischer und wollte die Tür wieder zuschieben.

»Frau Niederkämper, bitte machen Sie sich keine Sorgen, Sie haben nichts falsch gemacht, im Gegenteil. Wir sind einer Anwaltskanzlei auf der Spur, die eventuell zu Unrecht Rechnungen verschickt und damit Menschen um ihr hart verdientes Geld bringt. Wir haben Grund zur Annahme, dass auch Sie Opfer eines solchen Betrugs geworden sind.«

»Kann ich noch mal Ihren Ausweis sehen?«, fragte die Frau und fasste sich mit ihrer linken Hand an ihre Perlenkette, als ob diese ihr Schutz geben könnte.

»Selbstverständlich.« Nina bemühte sich, locker zu bleiben und vertrauenswürdig zu lächeln. Erneut hielt sie den Ausweis hoch.

»In Ordnung. Kommen Sie rein.« Hannelore Niederkämper wies Nina den Weg zum Wohnzimmer. »Möchten Sie einen Tee?«

»Ja, gerne, vielen Dank.« Nina blickte sich um. »Schön haben Sie es hier. Ihr Rhododendron blüht ja ganz wunderbar, schade, dass den meine Mutter nicht sehen kann – sie liebt Rhododendren.« Nina trat an die geschlossene Terrassentür. Der Garten dahinter war penibel gepflegt. Eine persönliche Verbindung zu schaffen, förderte die Auskunftsbereitschaft, hatte sie mal gelernt.

»Vielen Dank. Seit mein Mann tot ist, mäht das Nachbarskind den Rasen, um den Rest kümmere ich mich alleine. Es hält mich jung, wissen Sie.«

Nina nickte und setzte sich in einen Sessel. Sie nahm einen Schluck Tee, den die Rentnerin ihr in der Zwischenzeit eingegossen hatte. Earl Grey. Er schmeckte nach eingeschlafenen Füßen.

»Frau Niederkämper«, Nina stellte die Tasse zurück und räusperte sich. »Haben Sie in letzter Zeit Rechnungen von einem Inkassounternehmen erhalten, in denen Sie aufgefordert wurden, eine recht hohe Summe Geld zu zahlen?«

Die Frau nickte zögerlich. »Ach, wissen Sie, das ist mir alles sehr peinlich, deshalb habe ich auch schnell gezahlt und hoffe, dass ich jetzt Ruhe habe …«

»Sie haben die Rechnung schon beglichen?«

»Ja. Ich muss wohl aus Versehen am Telefon ein Abonnement abgeschlossen haben. Ich erinnere mich, dass vor einigen Wochen – oder ist es schon Monate her? – ein Mann hier angerufen hat. Er klang sehr nett, wir haben uns lange unterhalten. Er segelt, wie mein Helmut damals, wissen Sie? Wie dem auch sei, ich glaube, ohne dass ich es richtig gemerkt habe, hat er mir etwas aufgeschwatzt. Und jetzt musste ich dafür zahlen. Ich habe denen schon zurückgeschrieben und gesagt, dass ich dieses Abo kündigen will. Ich habe ja auch noch gar nichts erhalten! Glauben Sie, ich habe jetzt meine Ruhe?« Mit ängstlichen Augen schaute die Rentnerin Nina an.

»Sie müssen keine Angst haben, Frau Niederkämper. Sie hätten gar nicht bezahlen müssen, das waren Betrüger. Wir kümmern uns darum, und mit etwas Glück ist Ihr Geld bald wieder auf Ihrem Konto. Aber Sie müssen mir eins versprechen: Falls Sie noch einmal eine solche Rechnung erhalten, zahlen Sie nichts. Stattdessen rufen Sie mich an, in Ordnung? Ich schreibe Ihnen meine Handynummer auf. Vertrauen Sie mir.« Nina legte eine Hand auf die der alten Dame.

»Tagtäglich liest man von all diesen Trickbetrügern in der Lokalzeitung.« Hannelore Niederkämper sah durch ihre Terrassentür ins Nirgendwo. »Ich hätte nie gedacht, dass mir das mal … Aber wissen Sie, seit Helmut nicht mehr ist … und meine Tochter wohnt doch weit weg in München!«

Nina malte vor ihrem inneren Auge ein Bild mit Meer und einem blau-weiß gestreiften Strandkorb, in dem sie saß. Sie spürte den feinen, warmen Sand zwischen ihren Zehen und die frische Meeresbrise, die ihre Haut salzig werden ließ. Doch die Wut, die sie packte angesichts derart skrupelloser Betrüger wie dieser Anwalt Dresing, war stärker.

»Haben Sie die Rechnung vielleicht aufbewahrt? Das wäre sehr hilfreich für unsere Arbeit«, fragte sie mit ruhiger, freundlicher Stimme.

»Selbstverständlich. Die habe ich bei meinen bezahlten Rechnungen abgeheftet, man muss die ja mindestens zwei Jahre aufbewahren! Hat alles seine Ordnung bei mir. Warten Sie, ich hole Ihnen die Rechnung.«

Wenige Minuten später hielt Nina die Mahnung in den Händen, deren Text sie schon von Yasemins Handy kannte.

Nina stand auf. »Wir werden die Betrüger zur Rechenschaft ziehen«, versprach sie. »Eine letzte Sache noch: Wissen Sie, mit welchem Namen sich der Anrufer damals gemeldet hat?«

»Ja, das war ein Herr Schütze. Den Namen habe ich mir gemerkt, weil einer meiner Lehrer so hieß. Lang, lang ist's her.« Frau Niederkämper strich die Tischdecke glatt, obwohl es nichts zum Glattstreichen gab.

»In Ordnung, vielen Dank für den Tee. Sie haben mir sehr weitergeholfen. Ich kümmere mich um den Rest. Sie hören von mir.«

26.

Es war bereits früher Abend, als sie den Parkplatz des Möbelhauses verließ. Ihr Kofferraum war voll mit Gedöns, wie ihre Großmutter es genannt hätte. Teelichte, Pflanzen, Kissen und zwei Bilder hatte Nina nach ihren Recherchen am Nachmittag erstanden, um ihre Wohnung gemütlicher zu machen. In ihrem Magen, in dem sich zwei Hotdogs und ein halber Liter Cola den Platz teilten, gluckerte es lautstark. Da half nur Mandeltorte zum versöhnlichen Zudecken.

Nachdem Nina ihre Einkäufe in die Wohnung geschafft hatte, klingelte sie bei Dorothee.

»Ich habe uns Mandeltorte mitgebracht.« Sie hielt den kleinen Pappkarton hoch. »Nicht selbst gebacken, selbst gekauft, sie ist also essbar und extrem lecker. Leider besteht sie nur aus Fett mit Fett. Aber was interessiert uns das. Nur alleine essen macht dick.«

Dorothee lächelte. »Das ist eine wunderbare Idee, Liebes. Lass uns in die Küche gehen und Teller holen.« Nina folgte Doro und wunderte sich, als diese leise hinter ihnen die Küchentür schloss. »Was hältst du von der Idee, Yasemin ein Auto zu schenken?«, flüsterte die Vermieterin ihr aufgeregt zu.

»Ein … Auto?«, fragte Nina überrascht zurück.

»Ja, als Anreiz. Ihr eigenes Auto! Dann versucht sie es bestimmt noch mal mit dem Führerschein! Ich zahle auch die Fahrschule. Und du meldest sie an.« Doro schnitt den Kuchen und holte Teller aus dem Schrank.

»Äh, okay. Klar. Aber woher wollen wir ein Auto …«

»Dafür ist schon gesorgt!« Doros Augen glänzten. »Gib mir Bescheid, wenn du sie angemeldet hast, ja?!« Sie drückte Nina die Kuchenteller in die Hand.

»Mach ich«, flüsterte die und nickte.

»Hervorragend! Nimm noch Gabeln mit, die sind in der Schublade dort. Und jetzt lass uns Mandeltorte essen!« Doro öffnete die Küchentür und ging mit dem geschnittenen Kuchen voran.

Yasemin saß auf dem Hocker vor dem Terrarium und blickte hinein, obwohl es nichts zu sehen gab. Thekla schlief. »Boah, wo bleibt ihr denn, musstet ihr den Kuchen erst noch backen?«

»Hör mal Fräulein, eine alte Frau ist nun mal kein D-Zug«, entgegnete Doro und reichte jedem einen Teller mit einem Stück Kuchen. »So, Nina, dann spann uns mal nicht auf die Folter«, sagte sie, nachdem sie sich gesetzt und selbst ihren Teller genommen hatte. »Erzähl von deinen Ermittlungen, du klangst am Telefon sehr zufrieden.«

»Ja, ich habe heute drei der vier Adressen abgeklappert, die du mir gegeben hast, Yasemin. Zwei Personen habe ich angetroffen und die Gespräche waren sehr interessant.«

Nina erzählte, was sie bei ihrem Besuch bei Hannelore Niederkämper in Erfahrung gebracht hatte. »Dein Ausweis hat mir übrigens die Tür geöffnet, Doro. Bombenarbeit!«

Anschließend hatte sie noch mit einem älteren gut situierten Herrn gesprochen, dem Ähnliches wie Hannelore Niederkämper passiert war. Jürgen Wienke sollte nicht für ein Abo zahlen, sondern für ein kostenpflichtiges Gewinnspiel, an dem er angeblich im Internet teilgenommen hatte. Er habe nicht ausschließen können, dass er beim Surfen aus Versehen auf einen falschen Button geklickt habe, das passiere ja schneller, als man gucken könne, hatte er Nina erzählt. Die Rechnung hatte er entsprechend zügig beglichen, um sich keinen Ärger einzuhandeln.

»Sein Bankberater, den er gestern noch telefonisch um Rat gefragt hatte, riet ihm, unbedingt zu zahlen, denn diese Inkassounternehmen würden sonst sehr unbequem werden und es würden nur mehr Kosten für ihn entstehen. Dann lieber einmal in den sauren Apfel beißen und zukünftig besser im Internet aufpassen, so der Ratschlag des Bankers.« Nina grinste herausfordernd.

»Und sein Bankberater heißt nicht zufällig Bayer?«, fragte Dorothee.

»O doch. Ist das nicht ein Zufall?« Nina schob sich ein weiteres Stück von der Mandeltorte auf den Teller. »Wir haben es jetzt also schwarz auf weiß, dass es da gewaltig stinkt in der Kanzlei. Und die Bank hängt mit drin. Das ist erst die Spitze des Eisbergs. Diese Zahlungsaufforderungen sind ein nettes Zubrot, aber da ist noch mehr.«

»Wieso meinst du, dass das nicht alles ist? Vielleicht ist es ja schon das, worauf Adil gestoßen ist.« Yasemin hatte ihr Stück aufgegessen und leckte die Gabel ab.

Nina schüttelte den Kopf. »Dafür hätte man ihn nicht getötet.«

»Immerhin sagst du jetzt auch, dass er umgebracht wurde«, entgegnete Yasemin schnippisch.

»Hört zu, die Kanzlei hat auch den gesetzlichen Betreuer für meine Mutter gestellt. Der hat ihr eine Menge Geld aus der Tasche gezogen. Meine Mutter, tough wie sie ist, hat dafür gesorgt, dass sie ihr Geld zurückbekommt, und der zuständige Anwalt wurde umgehend gefeuert. Der war aber nur ein Bauernopfer, ist doch klar. Die sind da alle korrupt. Yasemin, du musst jetzt wirklich in den nächsten Tagen ...«

»... mehr über Adil und die Arschlöcher der Kanzlei herausfinden. Und woran er gearbeitet hat. Was glaubste, warum ich mich morgen mit den Kanzlei-Bunnys zum Cocktailtrinken verabredet habe?« Sie lächelte triumphierend.

Doro klatschte sich auf den Oberschenkel. »Bestens, Mädels, wir sind ein gutes Team. Darauf noch ein Stück Torte, würde ich sagen!«

27.

Vor der Haustür stand kein grauer Volvo. Dafür sah Nina in der offenen Garage einen alten grünen Polo, ein Fahrrad mit Kindersitz und ein Dreirad stehen. Sie würde der Halterin trotzdem auf den Zahn fühlen. Auch vor diesem Besuch hatte sie über die beste Strategie nachgedacht und sich schließlich für die Wahrheit entschieden.

Ein getöpfertes Schild am Eingang verriet, dass hier Insa, Joachim und Marie Deppe wohnten. Eine Frau Ende dreißig mit offensichtlichem Schlafmangel öffnete ihr die Tür.

»Guten Tag, Frau Deppe, wir sind uns noch nie begegnet und ich möchte Sie auch nicht lange stören. Ich bin wegen einer Freundin hier, Yasemin Nowak. Kennen Sie sie?« Nina hielt der Frau ihr Smartphone hin, auf dem ein Foto zu sehen war, das sie von Yasemin im Kiosk geknipst hatte.

»Ja, das ist die junge Frau, die mit meinem Mann geschlafen hat, aber immerhin den Mut hatte, es mir zu sagen. Wenn das Ihre Freundin ist, werden Sie das ja sicherlich schon wissen. Was wollen Sie hier?« Insa Deppe presste ihre Lippen so fest aufeinander, dass ihr Mund nur noch einen dünnen Strich bildete.

»Um ehrlich zu sein, wusste ich das nicht. Frau Nowak wird seit einigen Monaten verfolgt und belästigt. Als ihr zuletzt ein Päckchen mit einer toten Ratte vor die Tür gelegt wurde, hat man kurz zuvor Ihren grauen Volvo vor dem Haus gesehen.«

»Hören Sie, mein Mann fährt den Volvo«, schnitt Insa Deppe Nina das Wort ab. »Er hat ihn mir gekauft, nachdem seine Affäre herausgekommen ist. ›Lass uns noch mal von vorne anfangen, lass uns noch ein Kind in die Welt setzen‹, so stand er vor mir! Als ob damit die Welt wieder in Ordnung wäre. Mir ist egal, wer Ihrer Freundin Päckchen vor die Tür legt, und mein bald Exmann kann bleiben, wo der Pfeffer wächst. Ich habe ihn rausgeschmissen. Jetzt entschuldigen Sie mich, ich muss das Essen für mein Kind vom Herd nehmen. Wenn Sie hier noch mal auftauchen, rufe ich die Polizei. Ich hab genug um die Ohren. Vielleicht ist Ihre Freundin einfach mit dem Falschen in die Kiste gestiegen, scheint ja kein Kind von Traurigkeit zu sein.« Sie knallte Nina die Tür vor der Nase zu.

Die war sehr zufrieden, zückte ihr Handy, rief Dorothee an und bat sie, im Internet Erkundigungen über Joachim Deppe einzuholen. »Das bleibt aber erst mal unter uns«, verabschiedete sie sich von ihr.

Dorothee begrüßte Nina und Yasemin an der Wohnzimmertür und bat sie herein. Die Duftkerzen verströmten dieses Mal einen dezenten Lavendelduft und auf dem Tisch stand eine Teekanne.

»Bei dir isses immer so schön gemütlich, draußen pisst es mal wieder!«, sagte Yasemin zur Begrüßung.

»Ja, ohne Kerzen und Tee kann ich nicht gut arbeiten«, entgegnete Dorothee. »Möchtet ihr auch eine Tasse Roibuschtee?«

Die beiden nickten.

»Woran arbeitest du gerade?« Nina blickte auf Dorothees Computerbildschirm und überflog ein paar Zeilen.

»Ich übersetze einen amerikanischen Thriller. Einen schlechten Thriller. Den Autor kennt hier noch niemand. Und wenn ihr mich fragt, ändert sich das auch nach diesem Buch nicht. Möglichst viele, möglichst brutale Morde allein reichen nicht aus. Da kann der Verlag seinen Werbeetat noch so ausreizen, das wird nix.«

Dorothee goss Nina und Yasemin eine Tasse Tee ein und die beiden machten es sich auf dem Sofa bequem.

»Umso besser, dass ihr jetzt da seid und ich eine Pause von diesem Schund machen kann. Ich erzähle euch, was ich über diesen Bayer herausgefunden habe.« Doro nahm einen kleinen Stab vom Schreibtisch und wandte sich der Recherchetafel zu. Sie richtete den Stab auf einen der notierten Namen.

»Seit wann hast du denn einen Laserpointer?«

»Seit gestern. Hab ich im Internet bestellt, kam mit der Post. Cool, nicht wahr?«

»Oh, Doro, *cool* ist voll Achtziger!« Yasemin verdrehte theatralisch die Augen.

»Ach? Also, wie dem auch sei. Über Bayer war leider nicht viel herauszufinden. Er hat auf dem Ratsgymnasium sein Abitur gemacht, Ausbildung und bisherige Karriere bei der hiesigen Bank. Es gibt ein paar Fotos, die ihn bei Scheckübergaben zeigen. Seine Bank hat verschiedene soziale Projekte unterstützt und vermutlich ist Bayer eingesprungen, wenn der Vorstandsvorsitzende verhindert war. In seiner Freizeit spielt er Volleyball und er ist Mitglied im Schützenverein, ich habe ihn auf einer Bezirksrangliste gefunden, kein schlechter Schütze.«

Nina schlug sich an den Kopf. »Schütze, wie einfallsreich.«

Dorothee und Yasemin schauten sie fragend an.

»Hannelore Niederkämper erzählte mir, dass sie, einige Wochen bevor sie die Zahlungsaufforderung erhielt, von einem Herrn Schütze angerufen worden ist, der ihr irgendwas von einem Abo erzählte.«

»Du meinst, der Anrufer war Bayer?«

Nina nickte. »Davon gehe ich aus.«

Dorothee notierte auf der Tafel: *Norman Bayer = Herr Schütze.*

»Und jetzt erzählt, was gibt's bei euch Neues?«

»Genau, Yasemin, was gibt's Neues?«, sagte Nina. »Hast du noch einen Kater vom Cocktailtrinken?«

»Mann, die Kanzlei-Bunnys sind echt ... krampfig. Wir waren im *Glückundseligkeit,* ihr wisst, das Restaurant an der Arthur-Ladebeck-Straße in der ehemaligen Kirche. Die eine Bunny hat mich erst mal gefragt, ob das okay für mich wäre. Ich hab gar nicht geschnallt, was die wollte. Und dann meinte sie: Na ja, das hier war ja mal eine christliche Kirche und wir trinken Alkohol. Könnte ja sein, dass das mit deinem Glauben nicht vereinbar ist. Pfffttt ... Ich hab mich kaum eingekriegt vor Lachen. Und dann habe ich mir 'n *Sex on the Beach* bestellt.«

»Das war sehr tiefsinnig von dir.« Doro zwinkerte ihr zu.

»Ähem ja, und könnten wir jetzt mal zum Wesentlichen kommen?«, mischte Nina sich ein.

»Du meinst, welche Schuhe ich gestern Abend getragen habe?« Als Yasemin Ninas Blick sah, hob sie abwehrend die Hände. »Schon gut, schon gut. Also, erst mal haben die mir bestätigt, was ich schon längst wusste: Bernd Dresing is' 'n Arsch.«

Nina hob die Augenbrauen.

»Die haben erzählt, dass der jede mitnimmt, die nicht bei drei auffem Baum is'. Und davon gibt's echt einige. Dabei hat der doch Frau und Kind«, regte sich Yasemin auf.

»Tja, das kommt in den besten Familien vor. Wahrscheinlich waren manche von denen, die mit dir am Tisch saßen, auch bei drei nicht auffem Baum. Aber wichtiger ist ja die Frage: Was hast du über Adil und seinen letzten Fall herausgefunden?« Nina bemühte sich, ihre innere Ungeduld zu zügeln. Sie arbeitete hier nicht mit Polizeikollegen zusammen. Da liefen die Dinge eben nicht ganz so strukturiert.

»Tja, leider nich' viel. Ich hab irgendwann beiläufig eingestreut, dass das ja schrecklich ist mit dem toten Kollegen und wie der denn so war ... Da war erst mal Schweigen im Walde. Die eine Arschlochtussi meinte, marketingmäßig wäre so was 'n Gau, aber der Schaden würde sich für die Kanzlei ja glücklicherweise in Grenzen halten, weil nirgends offiziell stand, in welcher Kanzlei Adil angestellt war. Da musste ich mich echt zusammenreißen. Du«, sie zeigte auf Nina, »mit deiner kurzen Zündschnur wärst bestimmt ausgetickt.«

»Sehr charmant. Was haben sie noch erzählt?«

»Die eine schien doch so was wie ein Herz zu haben und meinte, ihr täte sein Tod schon leid, Adil sei immer so höflich gewesen. Sie könne sich das mit den Drogen überhaupt nicht vorstellen. Und es wäre gruselig, dass sie ihn kurz vor seinem Tod ja noch gesehen hätte. An dem Tag war so ein Event im Innenhof der Kanzlei für 'n guten Zweck. Sie erzählte, dass ihr Adil über den Weg gelaufen ist, als sie gegen frühen Abend kurz in die Büroräume gegangen war, um irgendwelche Unterlagen zu holen. Der steuerte wohl auf das Büro der Chefin oder des Chefs zu. Die liegen ja direkt nebeneinander. Kurze Zeit später muss er die Kanzlei verlassen haben. Und dann kam er nie wieder.« Yasemin hielt inne und presste ihre Lippen fest aufeinander.

»Zu den Chefs …«, murmelte Nina. »Okay. Konntest du denen etwas Konkretes darüber aus der Nase ziehen, an welchem Fall Adil gearbeitet hat? Du weißt, das wird wahrscheinlich der Schlüssel sein.«

»Nein, die haben dann das Thema gewechselt, die hatten echt keinen Bock, über Adil zu sprechen. Ich weiß ja, dass ich das mit dem Fall rauskriegen soll, das ist aber gar nicht so einfach! Die plappern nicht gerade drauf los, wenn man das Thema anspricht, und in der Kanzlei komme ich auch nicht an alle Aktenschränke dran. Ich versuch's weiter, ich versprech's.« Yasemin schaute auf ihre Uhr. »Scheiße, so spät schon. Ich muss Berkan unten im Kiosk ablösen. Kommste mit? Ich könnte noch Hilfe beim Einräumen neuer Ware gebrauchen«, wandte sie sich an Nina.

»Ich komme gleich nach, ich muss kurz noch was mit Dorothee besprechen.«

Yasemin blickte die beiden skeptisch an. »
Es geht um meinen Mietvertrag«, log Nina.

»Na dann, bis gleich.«

Als Yasemin die Tür hinter sich geschlossen hatte, schaute Nina Dorothee erwartungsvoll an. »Was konntest du über Joachim Deppe herausfinden?«

Doro stand auf, ging zum Schreibtisch und kehrte mit zwei Bildern zurück, die sie vor Nina hinlegte. »Es gibt zwei Joachim Deppes in Bielefeld, über die man einiges im Netz findet. Der eine ist Optiker und der andere Zahnarzt.«

Nina tippte auf das rechte Bild. »Das ist er. Ich habe ein Familienbild im Hausflur gesehen, als ich mit seiner Frau gesprochen hab.«

»Also Zahnarzt. Seine Praxis ist in der Neustädter Straße.« Dorothee schob Nina einen Zettel mit der Adresse hin.

»Bestens, danke. Ich glaube, dann haben wir unseren Übeltäter. Das Foto nehme ich mit und werde Yasemin ein paar Fragen zu ihrem Zahnarzt stellen. Glaubst du, er ist der Grund, warum sie so wunderschöne weiße Zähne hat?«

Dorothee lachte.

»Doch bevor ich das vergesse«, fuhr Nina bereits im Stehen fort. »Ich habe Yasemin, wie gewünscht, bei der Fahrschule angemeldet.«

»Wunderbar. Und ein geeignetes Fahrzeug haben wir bereits, meine liebe Nina.« Doro ging zum Schreibtisch, öffnete eine Schublade und überreichte ihr einen Schlüsselbund. »Zweite Garage von links im Innenhof. Er stand fünfzehn Jahre, aber ich denke, ein guter Schrauber kriegt den ratzfatz wieder hin. Ein Mercedes SL. Sie wird ihn lieben. Farblich passt er perfekt zu ihrem Lieblingsnagellack.«

Nina lächelte, warf den Schlüssel in die Luft und fing ihn wieder auf. »Perfekt. Dann überbringe ich unserem Küken die frohe Botschaft.«

28.

Nachdem sie den Kiosk betreten hatte, setzte sich Nina schnurstracks auf den Tresen und blickte durch das Kioskfenster auf die Straße, während Yasemin Wolle nachfüllte.

»Sag mal, wie heißt eigentlich dein Zahnarzt?«, fragte Nina mit unschuldiger Stimme.

Yasemin hielt kurz in ihrer Bewegung inne und türmte dann weiter Wollknäuel in einen Korb. »Wieso?«

»Weil ich einen brauche.«

»Hab nie Zahnschmerzen«, murmelte die Kioskbesitzerin und zuckte mit den Schultern.

»Mhm. Und du warst auch noch nie bei einem Joachim Deppe in ... Behandlung?« Nina schob das Foto über den Tresen.

Yasemin warf von Weitem einen kurzen Blick auf das Bild, ging dann zum Zigarettenregal und sortierte, wo es nichts zu sortieren gab. »Den habe ich verdrängt. Dachte, das wäre schon länger als ein Jahr her«, gestand sie ein.

Die Türklingel ließ sie verstummen. Erich der Kleine betrat den Kiosk.

»Erich, mein Lieblingskunde!«, sagte Yasemin erleichtert. »Schenk mir einen Spruch.«

Erich warf Nina einen Blick zu, den sie nicht deuten konnte. »*Wenn ... wenn einer keine Angst hat, hat er keine Fantasie.*«

»Oder kein *Dead Man Walking* auf DVD«, entgegnete Yasemin lachend. »Hier, deine Zeitung und deine Cola.«

»Danke. Geht's dir gut?«

»Klar, alles gut. Und bei dir?«

Erich nickte als Antwort. »Meine Haare müssen bald mal wieder kürzer. Das machst ja immer noch du, nicht wahr?«

»Ha, ha, klar, Erich. Nina lasse ich doch nicht an die Haare meiner Kunden, die versaut mir nur das Geschäft. Komm einfach die Tage rein, wenn's dir passt. Im Moment unter der Woche immer abends oder tagsüber am Wochenende.«

»Okay. Bis bald.«

Mit Zeitung und Cola bepackt, verließ Erich den Kiosk, drehte sich an der Tür noch einmal um und winkte Yasemin zum Abschied zu.

»Na, besten Dank auch. Mein Ego ist jetzt gekränkt. Ich kann super den Nacken ausrasieren!«

Yasemin lachte. »Bestimmt kannst du das. Aber ich lasse mir doch nicht sein großzügiges Trinkgeld entgehen!« Sie zwinkerte Nina zu. »Ich glaub, der Erich ist ein klitzekleines bisschen in mich verliebt. Vor einiger Zeit habe ich ihm mal von meinem Stalker erzählt. Damit habe ich anscheinend seinen Beschützerinstinkt geweckt. Er meinte, er würde die Augen offen halten. Hat mir sogar angeboten, Wache zu halten, süß, ne?!«

»Soso. Und den Stalker will er dann mit Kästner-Zitaten in die Flucht schlagen? Aber zurück zum Zahnarzt. Was lief da zwischen euch?«

Yasemins Kichern verstummte augenblicklich. »Wenn du es genau wissen willst: Er ist ein verlogenes Arschloch. Und weißt du, was das Schlimmste ist? In ihn war ich sogar wirklich ein bisschen verliebt.«

Nina nickte und wartete auf die ganze Geschichte.

Yasemin seufzte und setzte sich neben sie auf den Tresen. »Ich habe ihn über *Tinder* kennengelernt, wie die meisten.«

»Über was?«

»*Tinder.* Das ist eine App fürs Handy.«

»Aha.«

»Man bekommt Fotos von Singles angezeigt und dann kannst du wischen.« Sie wischte mit ihrem Zeigefinger auf einem imaginären Smartphonedisplay. »Wischst du das Foto nach links, gefällt dir der Typ nicht. Wischst du es nach rechts, dann magst du, was du siehst. Und wenn der Typ dasselbe mit deinem Foto macht, dann habt ihr ein Match.«

»Aha«, wiederholte sich Nina.

Schöne neue Welt. Nicht ihre.

»Dann chattet man ein bisschen. Und trifft sich.«

»Und dann hat man Sex«, schlussfolgerte Nina.

»Zum Beispiel. Oder du gehst nur mit ihm ins Kino. Je nachdem, was du suchst.«

»Ihr seid nicht ins Kino gegangen, nehme ich an.«

»Doch. Auch.« Yasemin grinste für einen Moment, bevor sich ihr Gesichtsausdruck wieder verdunkelte. »Das ging ein paar Monate mit uns. Wir waren sogar mal übers Wochenende zusammen auf Sylt.« Sie schaute aus dem Fenster. »Ich frag mich, was er seiner Frau erzählt hat, wo er war.«

»Du wusstest nicht, dass er verheiratet ist?«

Yasemin schüttelte den Kopf. »Ich hab's durch Zufall rausgefunden. Hab den Ehering in seinem Sakko gefunden. Dabei ist die Ehe doch …«

»… heilig?«

Yasemin nickte. »Genau«, sagte sie leise.

»Wieso hast du es seiner Frau erzählt?«

»Damit sie weiß, mit was für einem Mann sie verheiratet ist. Findeste das falsch?«

Nina überlegte einen Moment. »Nein. Ich finde, du hast eine Entscheidung getroffen. Du hast deine Prinzipien. Denen bleibst du treu. Da ist erst mal nichts gegen einzuwenden. Ein guter Freund hat mir mal gesagt: Egal, was du tust, dein Verhalten hat Konsequenzen. Mit denen musst du leben.«

»Was willst du mir damit sagen?«

»Dass es gut ist, wenn man hinter dem steht, was man tut. Dann kann man auch besser mit den Konsequenzen leben. Denn wie andere reagieren, liegt nicht mehr in deiner Hand.« Nina zuckte mit den Schultern.

»Glaubst du, er ist der Spinner, der mir das Leben schwer macht?«

»Vielleicht. Ich werde mal mit ihm reden.«

Yasemin stutzte. »Moment mal. Woher weißt du eigentlich, dass ich es der Frau erzählt hab?«

»Ich habe mit ihr gesprochen. Sie hat ihren Mann rausgeschmissen.«

Yasemin seufzte. »Wieder eine Ehe kaputt.«

»Nicht deine Baustelle. Seine. Sein Versteckspiel hatte Konsequenzen.«

»Ja, mag sein«, sagte sie, wenig überzeugt, und schaute an die Decke.

»Zweiundzwanzig«, war die einzige Antwort, die Nina einfiel, um Yasemin vor der sich gefährlich auftürmenden Welle aus Schuldgefühlen und Traurigkeit zu schützen.

»Das ist nicht dein Ernst!«

»Ich fürchte doch. Und jetzt komm mal mit.« Nina griff nach zwei Fläschchen, steckte sie in ihre Hosentaschen und zog Yasemin an der Hand hinaus in den Innenhof.

»Augen zu!«, forderte sie Yasemin auf, als sie vor den Garagen standen.

»Jetzt aufmachen!«

Vor ihnen stand ein alter roter Mercedes. »Ein Geschenk von Doro an dich, Yasemin. Ist der nicht schön? Ich sorge dafür, dass er bald wieder läuft. Hat ein bisschen länger gestanden. Und in der Zwischenzeit gehst du jeden Montag in die Fahrschule. Deine Anmeldepapiere liegen in meinem Auto.« Nina hielt Yasemin an den Schultern und blickte ihr fest in die Augen. »Du schaffst alles, wenn du nur willst. Erst recht so eine theoretische Prüfung. Wäre doch gelacht! Yasemin Nowak lässt sich von niemandem kleinmachen!«

Yasemin stand der Mund offen. Dann fing sie an zu lächeln und zeigte auf Ninas Hosentasche. »Darauf sollten wir einen trinken.«

29.

Es war Mittagszeit, als er das Kanzleigebäude betrat. Er nahm nie den Haupteingang des altehrwürdigen Crüwell-Hauses, sondern immer den Seiteneingang. Er schritt so gerne durch das Treppenhaus, das mit alten Delfter Kacheln gefliest war, die an die guten alten Zeiten dieses ehemaligen Bürgerhauses erinnerten.

Die Kaufleute, die hier gelebt hatten, hatten es sich sicher gut gehen lassen. Auch er würde es sich bald zusammen mit seinem Engel richtig gut gehen lassen. Ein Haus, eine Anstellung in einer Kanzlei, eine wunderschöne Frau an seiner Seite. Er hatte es zu was gebracht.

Als er die Kanzleitür im zweiten Geschoss öffnete, schlug ihm Geschäftigkeit entgegen. Die Frauen klackerten mit ihren Pumps über den Marmorboden, der Hauch eines teuren Parfüms lag in der Luft. Nur die Geräuschkulisse nervte ihn, sie war zu laut für seine Ohren.

Die Inneneinrichtung der Kanzlei bewies Geschmack. Einzelne Holzmöbel und Wanddekorationen nahmen den spätgotischen Stil des Gebäudes auf. Beate hatte ihm kurz nach seinem Einstand voller Stolz einige Möbelstücke gezeigt und auf die Verzierungen hingewiesen. Der Rest war modern gehalten.

Sie hatte sich persönlich um die Einrichtung der Kanzlei ihres Mannes gekümmert und arbeitete nun halbtags. Sie wollte genügend Zeit für ihre Tochter haben. Familie war Beate wichtig.

Mittlerweile ging Tochter Johanna schon auf das Gymnasium. Er schüttelte den Kopf. Die Zeit verging so schnell. Er erinnerte sich noch an Beates dicken Bauch, als er als Fahrer angefangen hatte. Dresings hatten ihm den Job angeboten, nachdem er sein Studium abgebrochen hatte. Eine Hand wusch die andere. Er wusste, dass sein Gehalt höher war, als seine Stellung es vermuten ließ. Aber er war auch mehr als ein gewöhnlicher Fahrer. Er war ein Vertrauter.

Sein Hemdkragen scheuerte an seinem frisch rasierten Hals. Im Urlaub hatte er Fünfe gerade sein lassen und sich nicht täglich rasiert. Im Job undenkbar. Beate legte sehr viel Wert auf ein gepflegtes Äußeres – auch bei den Mitarbeitern. In den Anfangsjahren war sie sogar mit ihm einkaufen gegangen. Von ihr hatte er gelernt, wie ein Anzug zu sitzen hatte. Dass weiße Socken in Lederschuhen eine Todsünde waren. In seiner Freizeit bevorzugte er aber einen Casual Look. *Casual Look*. Auch so ein Wort, das er erst durch Beate kennengelernt hatte. Er widerstand dem Impuls, an seinem Hals zu kratzen, das würde es nur noch schlimmer machen, und steuerte zügig auf ihr Büro zu.

Als er vor Beates Tür stand, hörte er laute Stimmen. Geschlossene Lamellen schützten die gläserne Front vor neugierigen Blicken.

»… hast du mir zu verdanken! Allein mir! Ohne mich hättest du nicht einmal dein Examen bestanden! Wie dein Bruder wärst du geendet, dieser Nichtsnutz. Und ICH hab dieses Geschäft an Land gezogen, was uns allen den Arsch rettet! Und jetzt …« Beate Dresings Stimme wurde leiser, es drangen nur noch Wortfetzen nach draußen. »… undankbar … denk an deine Tochter …«

Plötzlich donnerte Dresings Stimme dazwischen. »Ich werde hier jetzt nicht weiter mit dir darüber diskutieren. Ich habe dir gesagt, was es zu sagen gibt. Deine üblichen Vorwürfe werden nichts ändern. Dieselbe Leier seit fünfzehn Jahren, ich kann es nicht mehr …«

Er hörte, wie sich Schritte näherten, und entfernte sich zügig von der Bürotür. Es sollte nicht so aussehen, als hätte er gelauscht. Hatte er ja auch nicht. Er wollte nur pünktlich seine Arbeit antreten, wie immer. Dresing verließ Sekunden später das Büro seiner Frau und rauschte zunächst an ihm vorbei. Dann besann ER, wie ihn alle in der Kanzlei halb ehrfürchtig, halb spöttisch nannten, sich jedoch eines Besseren und blieb stehen. »Mensch, hab dich beinahe übersehen. Aus dem Urlaub zurück?«

Er nickte.

Dresing trat kurz näher und senkte vertraulich seine Stimme. »Gute Arbeit, übrigens. Danke.« ER schob seinen Unterkiefer etwas vor und klopfte ihm auf die Schulter. Dresings Art, höchste Anerkennung auszudrücken. »Beate ist heute übrigens etwas unentspannt. Mach dir nichts draus. Wechseljahre.« Der Anwalt winkte ab und blickte auf seine Uhr, während er sich wieder in Bewegung setzte. »So, ich muss los, Termine, Termine.«

Als Dresing hinter der nächsten Ecke verschwunden war, lief er zurück zu Beates Bürotür, zählte bis drei, damit sie noch etwas Zeit hatte, sich zu sammeln, und klopfte an.

»Herein«, erklang ihre Stimme, die er schon immer als sehr angenehm empfunden hatte, weil sie tief und sanft war.

»Hallo, Beate.« Er deutete eine Verbeugung an.

»Pünktlich auf die Minute, wie immer, das schätze ich.«

Niemand hätte ihr angesehen, dass sie sich gerade mit ihrem Mann gestritten hatte. Er bewunderte ihre Haltung, ihre Contenance. Sie war eine Frau von Klasse. So wie sein Engel.

»Setz dich. Schön, dass du wieder da bist.« Sie deutete auf den Stuhl vor ihrem gläsernen Schreibtisch. »Wie war dein Urlaub?«

»Gut, danke. Sag mal … ist alles okay bei euch?«

Für einen Augenblick schaute sie ihn fragend an, dann verstand sie. »Ach, du hast uns streiten hören.« Sie lehnte sich in ihrem Stuhl zurück und atmete tief durch. »Bernd ist, wie du weißt, manchmal etwas … kurzsichtig. Und impulsiv. Sagen wir, insbesondere sein Schwanz ist sehr impulsiv. Das lässt ihn manchmal etwas undankbar auf mich wirken.« Sie strich sich eine Strähne ihres dunkelbraunen Haares hinters Ohr und lächelte. »Aber machen wir uns nichts vor. Ich wusste ja, wen ich heirate. Er sollte nur nicht ganz aus den Augen verlieren, was wirklich zählt im Leben. Und das ist …«

»… die Familie«, vollendete er ihren Satz.

Sie nickte. »Genau. Und ich werde mit Sicherheit nicht zulassen, dass die jemand gefährdet. Deshalb gab es auch diesen … unschönen Zwischenfall.« Sie seufzte. »Glaub mir, wenn ich es hätte anders lösen können …« Sie presste die Lippen fest zusammen und schaute ihr Gegenüber eindringlich an.

»Ich weiß«, sagte er und meinte es so. Deshalb würde er sie auch nie nach dem Warum fragen. »Und es ist ja alles gut gegangen.«

»Scheint so, ja.« Für einen Moment sah sie aus dem Fenster. Er folgte ihrem Blick. Die Sonne versuchte, sich zwischen den dicken Wolken hervorzukämpfen. Für ein paar Sekunden gewann sie sogar die Oberhand. Unterhalb des Büros befand sich der Alte Markt, er hörte durch das gekippte Fenster den Brunnen plätschern und das Gemurmel der Menschen, die in den Cafés saßen oder den Platz überquerten.

»Wir werden dir das Grundstück schenken.« Ihr Blick fand wieder zurück ins Büro. Beate sprach gerne von *wir*, auch wenn sie Entscheidungen alleine fällte.

»Das muss nicht …«

»Doch. Du gehörst schließlich zur Familie.«

Er nickte langsam und fand, sie hatte recht. »Das ist sehr schön, dann muss ich bei Bayer keinen Kredit aufnehmen.«

»Ich weiß, dass du ihn nicht magst. Aber auch er ist loyal. Läuft auf deinem Bau bisher alles nach Plan?«

»Noch ist ja nicht viel zu sehen. Die Grube wurde letzte Woche ausgehoben. Es wird schon alles gut gehen. Bleibt ja …«

»… in der Familie.« Sie nickte. »So, und nun los. Du wirst ja nicht fürs Quatschen bezahlt.« Beate zwinkerte ihm zu. »Du musst mich gleich nach Hoberge zu einem Termin fahren. Ich mach mich schnell frisch und suche die Unterlagen zusammen.«

»In Ordnung. Ich warte unten auf dich.«

Er verließ das Büro und lief langsam den Flur entlang. Als er zum Empfang am Ende des Ganges blickte, blieb er wie angewurzelt stehen. Er sah sie nur von der Seite, aber es blieb kein Zweifel, dass sie es war.

»Ja, lecker Schnecke, was?«, hörte er eine Stimme hinter sich. Es war Pfeiffer, ein Juniorpartner. Er hatte ihn nicht kommen hören. »Der neue Empfangshase kam während deines Urlaubs. Aber merk dir nicht ihr Gesicht. Lohnt sich nicht. Ich muss sie leider feuern. Lasse schon ihre Papiere vorbereiten. Ansage von IHM. Sie kam ihm wohl ein bisschen blöd. Das sollte man sich bei IHM nicht rausnehmen. Tja, liegt vielleicht an ihrem südländischen Temperament.« Pfeiffer schnalzte mit der Zunge.

Er nickte, obwohl das Blut so sehr in seinen Ohren rauschte, dass er Panik bekam. *Bleib ruhig, nichts anmerken lassen.* Er war sich nicht sicher, ob Pfeiffer noch etwas gesagt hatte, bevor er wieder abgerauscht war. Er hörte nichts mehr, außer sein Blut, das durch seine Venen gepumpt wurde. Ihm wurde schwindelig. Er zog sich in den Flur zurück, lehnte sich nach einigen Metern gegen die Wand und schloss die Augen.

»Du bist ja immer noch hier, wolltest du nicht schon runtergehen?«, sagte eine Stimme, die weit entfernt schien.

Er öffnete die Augen. Sein Mund war trocken.

Beate, die aus der Damentoilette gekommen war, blickte ihn fragend an. »Geht's dir nicht gut? Du bist plötzlich so blass!«

Er räusperte sich. »Doch, alles in Ordnung. Lass uns fahren.« Er steuerte auf den Seitenausgang zu. In seinem Kopf überschlugen sich die Gedanken, während er hinter sich

Beates Pumps auf den Treppen klackern hörte. Er kratzte sich am Hals, lockerte auf dem Weg zum Auto seine Krawatte etwas und öffnete den ersten Hemdkragen, ohne dass Beate es bemerkte. Nun konnte er besser atmen.

Er wusste, das war kein Zufall.

Die Leiche in ihrem Container.

Und jetzt war sie hier als Sekretärin.

Sie wird gefeuert, mach dir keine Sorgen. Was soll sie in der kurzen Zeit schon groß herausgefunden haben? Aber wieso fischt sie hier rum? Was will sie? Steckte die andere mit drin, die zusammen mit ihr die Leiche gefunden hatte und auffallend ruhig geblieben war?

Sollte er Beate warnen? Oder IHN? Nein. Er würde sich zunächst sein eigenes Bild machen. Und nicht in Panik verfallen. *Reiß dich zusammen!*

Auf der Fahrt nach Hoberge hatte er heute keinen Blick für die Getreidefelder und Wiesen, die die Straße links und rechts säumten. Selbst der Gedanke an den wunderschönen Nachmittag, den er mit seinem Engel im nahe gelegenen Tierpark verbracht hatte, besänftigte seine Unruhe nicht. Er wartete eine Stunde im Auto auf Beate und zählte währenddessen die Porsches, die an ihm vorbeifuhren. Er bekam die Hand voll.

Nachdem Beate sichtlich zufrieden wieder ins Auto gestiegen war, fuhr er sie zu einem weiteren Termin nach Brake. Danach ein Stopp bei der Reinigung, bevor es zurück zur Kanzlei ging. Nach einer gefühlten Ewigkeit war sein Arbeitstag beendet, er parkte den Dienstwagen in der Tiefgarage, verabschiedete sich von Beate, stieg in seinen neuen Gebrauchtwagen und fuhr stadtauswärts, Richtung Babenhausen. Da war die Endhaltestelle der Stadtbahn. Noch. Schon bald würde sie bis zum Neubaugebiet weiterfahren, das hatte ihm Beate zwischen den zwei Terminen erzählt. Nach wenigen Hundert Metern bog er links ab in das Baugebiet und parkte sein Auto. Er blickte auf die große Wiese, auf der bald Einfamilienhäuser in die Höhe wachsen würden. Bagger standen wie metallene Dinosaurier auf dem Grundstück und warteten auf ihren nächsten Einsatz. Es würde eine traute Mittelschichtsiedlung werden. Mit Dreirädern vor der Haustür, Wäschespinnen im Garten und gepflegten Mittelklassewagen im Carport. Sein Engel und er würden dazu gehören. Wie gewünscht, befand sich sein Grundstück etwas abseits, hatte einen größeren Garten als die anderen. Häufig hatte man in solchen Neubaugebieten das Gefühl, mit dem Nachbarn in einer WG und nicht auf separaten Grundstücken zu leben. Er brauchte Privatsphäre für seinen Engel und sich. Er würde ihr einen begehbaren Kleiderschrank bauen, das würde ihr bestimmt gefallen, mit viel Platz für ihre Schuhe.

Seine innere Unruhe wich der Zuversicht. Er würde herausfinden, was es mit der Schnüffelei in der Kanzlei auf sich hatte. Und er wusste auch schon wie, es war ganz einfach.

30.

Eigentlich war er eine Nummer zu groß. Aber der Verkäufer war ein wirklich guter Verkäufer gewesen. Mit Tempo 40 fuhr Nina vorsichtig vom Elektromarkt nach Hause, darauf bedacht, jedem Schlagloch auszuweichen. Die Rücksitze waren heruntergeklappt und auf der entstandenen Fläche lag ein nagelneues Smart-TV mit integriertem DVD-Player. Doro würde Augen machen.

Nina klingelte an der Wohnungstür ihrer Vermieterin und wenige Sekunden später ertönte der Türsummer. Zusammen mit Berkan trug sie die Überraschung in Dorothees Wohnzimmer.

»Cooles Teil«, urteilte Berkan anerkennend. »Kriegste alleine hin mit dem Anschließen?«

»Klaro, danke. Geh du lieber wieder runter in den Kiosk und tu was für Yasemins Umsatz!«, verabschiedete ihn Nina.

»Was ist das?«, fragte Doro verwirrt und starrte auf den großen Karton und die DVDs in ihrem Wohnzimmer.

»Wart's ab! Komm, hilf mir mal, wir tauschen deinen alten Röhrenfernseher aus.«

Es dauerte eine halbe Stunde, bis Nina alles angeschlossen und eingestellt hatte.

»Okay, mach's dir bequem und nimm die.« Nina reichte Doro eine 3-D-Brille, setzte sich auch eine auf und schob die erste DVD in den Player.

Wenige Sekunden später flimmerten atemberaubende Bilder von den Pyramiden von Giseh über den Bildschirm.

»Wenn du zunächst nicht zu den Pyramiden kommst, kommen die Pyramiden eben zu dir«, erklärte Nina. »Und ich habe auch eine Doku über Angkor Wat mitgebracht! Ich hoffe, du hast die nächsten einhundertachtzig Minuten nichts vor.«

Doro schaute wie gebannt auf die Mattscheibe und hielt sich an Ninas Oberschenkel fest.

»Das ist …«, setzte Doro mit belegter Stimme an. »Das ist wirklich …«

»Und was glaubst du, wie viel mehr Spaß das noch macht, wenn man bekifft ist«, sagte Nina mit fröhlicher Stimme, Doros Gerührtheit ignorierend. Tränen überforderten Nina schnell.

»Das müssen wir heute Abend unbedingt Yasemin zeigen«, flüsterte Doro.

Die Wohnungsklingel ließ beide zusammenzucken.

»Erwartest du jemanden?«, fragte Nina und guckte auf die Uhr. Es war elf Uhr.

Doro nahm kurz die Brille ab, wischte sich die Augen trocken und schüttelte den Kopf.

Nina drückte den Türsummer und ging an die Wohnungstür, um den unerwarteten Gast persönlich zu begrüßen.

»Du?«, fragte sie erstaunt, als ein bekanntes Gesicht am Treppenabsatz auftauchte.

»Was machst du denn schon hier? Geht's dir nicht gut?«, erkundigte sie sich besorgt.

Wortlos ging Yasemin an ihr vorbei bis ins Wohnzimmer, ließ sich auf das Sofa fallen, zog ihre Knie an ihren Körper und starrte in den Raum.

»Liebes, was ist los?« Doro setzte sich neben sie und legte ihr eine Hand auf die Schulter.

Nina schaltete den Fernseher aus.

Yasemin murmelte etwas, aber so leise, dass Nina es nicht verstand. »Was?«

»Ich wurde gefeuert«, sagte Yasemin nun laut.

»Du wurdest … ??«, fragte Nina entgeistert.

»Dresing, der Arsch, hat mich gefeuert. Nein, er hat mich feuern lassen. Dafür hat er ja Leute.« Sie schnaubte verächtlich.

»Was ist passiert?«

»Ich hab doch erzählt, dass der so seinen Ruf weghat, was Frauen angeht …«

»Ja, und?«

»Letzte Woche sollte ich für ihn ein kleines Geschenk abholen und verschicken. Von einem Juwelier. Adressatin war eine Frau, aber nicht seine. Deshalb hat mich nicht überrascht, was die Kanzlei-Bunnys beim Cocktailtrinken über ihn erzählt haben.«

»Ja, und?« Ninas Geduldsfaden drohte zu reißen.

»Gestern hat ihn dann so eine Tusnelda nach Feierabend abgeholt. Er gab ihr einen Kuss und nannte total liebevoll ihren Vornamen. Der gleiche wie von der, die das Schmuckstück erhalten hat.«

Nina hob fragend die Augenbrauen.

»Er ist verheiratet, *anladın mı?* Verheiratet! Und hat eine Affäre!«

»Und was geht dich das an?«

»Kann sein, dass mir dann gestern ein Spruch herausgerutscht ist. Dummerweise in seiner Gegenwart.«

Nina knallte ihre Hand vor den Kopf. »Eine indiskrete Sekretärin will niemand haben. Herrgott, das geht dich doch nichts an, mit wem der in die Kiste steigt!«

»Er ist verheiratet!«, wiederholte Yasemin. »Und halbtags arbeitet seine Frau sogar in der Kanzlei mit! Das hat sie doch nicht verdient! Sie kümmert sich ums Kind und überhaupt …«

Nina spürte, wie die Wut sie überrollte, sie war tiefrot und wollte partout nicht in einem beruhigenden Meeresbild verpuffen.

»Sag mal, spinnst du? Mindestens jeder Zweite geht fremd, das kann dir doch scheißegal sein! Wer sagt dir denn, dass Dresings Frau nicht auch an anderen Schwänzen lutscht? Du warst diejenige, die herausfinden wollte, was mit Adil geschah, du hast uns alle mit reingezogen. Weißt du, was ich für dich riskiere?« Nina stand auf. »Und da lässt du dich wegen irgendwelcher Moralvorstellungen aus dem Takt bringen und verschließt uns die wichtigste Quelle, die wir haben? Verdammt noch mal, wie kann man sich nur von seinen Gefühlen so leiten lassen! Dann lassen wir den ganzen Scheiß eben!« Den letzten Satz schrie sie.

Die Wanduhr tickte.

Mit Tränen in den Augen strich sich Yasemin ihre Haare hinter ihre Ohren, stand dann auf und verließ ohne ein weiteres Wort die Wohnung. Die Tür knallte sie lautstark hinter sich zu.

Für einen Moment verspürte Nina den Impuls, Yasemin hinterherzulaufen und sich zu entschuldigen. Doch sie ahnte, dass dafür jetzt nicht der richtige Zeitpunkt war. Stattdessen setzte sie sich in den Sessel, drückte Zeigefinger und Daumen an ihre Nasenwurzel und wartete auf Dorothees Rüge.

»Es tut mir leid«, sagte Nina kleinlaut, als diese beharrlich schwieg.

»Sag das nicht mir«, antwortete Doro.

»Es war unnötig, was sie gemacht hat!«, versuchte Nina eine halbherzige Rechtfertigung. »Dresing kann sie in der Probezeit ohne Angaben von Gründen kündigen. Wer will schon eine Sekretärin, die sich ins Privatleben einmischt! Aber ich hätte sie nicht so anschreien dürfen.«

»Nein, hättest du nicht. Du hast sie auch nicht wirklich angeschrien. Du hast dich selbst angeschrien. Aber das weiß Yasemin natürlich nicht.«

Nina schaute Dorothee überrascht an, spürte erneut Ärger in sich hochsteigen, wollte protestieren und ließ es dann bleiben. Sie hatte für diesen Tag genug Porzellan zerbrochen.

»Du hast recht«, sagte sie stattdessen nach einer Weile. »Ich weiß selbst, wie das ist, wenn man seine Prinzipien hat und damit in der Realität immer wieder aneckt. Wenn die Gefühle Oberhand bekommen. Deshalb bin ich auch keine gute Polizistin, ehrlich. Was meinst du, wie oft ich im Polizeidienst an meine eigenen Grenzen gestoßen bin. Recht und Gerechtigkeit sind nicht immer eins. Die Bösen kommen oft genug davon. Mich hat das wahnsinnig frustriert.« Ninas Stimme wurde leiser. »Wie viele Idioten da draußen herumlaufen, du glaubst es nicht! Und wir sind meistens unterbesetzt und beschissen ausgerüstet. Da muss man schon ein großer Optimist sein, um sich nicht runterziehen zu lassen.«

»Du hast dich irgendwann runterziehen lassen«, schlussfolgerte Dorothee.

»Ich bin ausgerastet. Und jetzt zahle ich die Quittung dafür. Ich bin nicht im Sabbatjahr. Man hat mich suspendiert.«

»Warum?«

»Körperverletzung im Amt«, antwortete sie knapp und schaute Dorothee ins Gesicht.

»Hat dich jemand angegriffen?«

»Nein. Der Typ hat seine Frau und sein Kind verprügelt. Nicht zum ersten Mal. Ich habe dann rotgesehen.«

Dorothee ging zum Schrank, holte die Ginflasche heraus und goss zwei Gläser ein. »Ich hoffe, deine Tracht Prügel vergisst er sein Leben lang nicht.«

Sie stießen an und leerten beide ihre Gläser in einem Zug. »Und jetzt geh und entschuldige dich bei Yasemin.«

31.

Als Nina den Kiosk betrat, schaute Berkan sie tadelnd an. Zumindest glaubte sie das.

»Ist Yasemin im Hinterzimmer?«, fragte Nina ihn.

Er schüttelte den Kopf. »Nein, sie ist eben nur kurz reingekommen, sah total verheult aus und hat sich einen Schokoeisbecher mitgenommen.«

»Weißt du, wo sie hin ist?«

»Ich nehme mal an, nach Hause. Sie hat sich einen sehr großen Topf mitgenommen.« Er nickte vielsagend.

Ninas schlechtes Gewissen wuchs ein weiteres Stück und sie machte sich auf den Weg. Im Ostmannturmviertel, in dem sie eine Viertelstunde später einen Parkplatz suchte, prägten vor allem Häuser aus der Gründerzeit und der Wohnungsbau der Achtzigerjahre das Bild. In dem denkmalgeschützten Turm, der dem multikulturellem Viertel seinen Namen gab, waren nun Wohnungen untergebracht.

»Hallo?«, drang Yasemins verschnupfte Stimme durch die Gegensprechanlage.

»Ich bin's, Nina.«

»Wenn du weiter brüllen willst, mach das bitte draußen vor der Tür, ich höre es dann ja trotzdem hier oben.«

»Ich komme in Frieden.«

Eine Zeit lang hörte Nina nur das Rauschen der Gegensprechanlage. Dann summte der Türöffner.

Yasemin wohnte im vierten Stock und hatte die Tür angelehnt. Nina klopfte trotzdem anstandshalber an, bevor sie
eintrat. Sie erwartete der Charme einer Studentenwohnung.
Die Möbel waren bunt zusammengewürfelt, im Flur lagen
verstreut unzählige Pumps, die Regale bestanden aus einfa-
chen Holzbrettern, die auf Backsteinen ruhten. Das Sofa war
mit einem großen beigefarbenen Laken bedeckt, über ihm
hing ein Bild von Audrey Hepburn aus *Breakfast at Tiffany's*,
auf dem Boden vor dem Fernseher stapelten sich DVDs.

Nina lugte vorsichtig durch die halb offene Schlafzimmer-
tür. Yasemin saß im Bett, mit dem Eistopf in ihren Händen.
Zahlreiche Taschentücher um sie herum vervollständigten
das Bild des Leidens.

Schweigend setzte sich Nina auf die Bettkannte. »Bewirf
mich ruhig mit deinem Kissen. Oder besser mit dem Löffel.
Ich hab's verdient«, sagte sie nach einer Weile.

Yasemin machte keine Anstalten, etwas zu werfen. Sie
putzte sich lautstark die Nase.

»Es tut mir leid, dass ich so rumgebrüllt hab«, fuhr Nina
fort. »Ich wollte dich nicht verletzen. Ich bin manchmal ...
etwas aufbrausend, du weißt das. Liegt in der Familie. Sorry.«
Sie richtete ihren Blick auf die unzähligen Artikel aus Mode-
magazinen, die Yasemin mit Stecknadeln an ihrer linken
Schlafzimmerwand befestigt hatte.

»Die Kleider gefallen mir, ich klaue mir Ideen fürs Nähen«, erklärte die Deutschtürkin, der Ninas Blick nicht entgangen war. Yasemin deutete auf die Nähmaschine, die am
Fenster stand.

»Ich wusste gar nicht, dass du nähst.«

»Tja. Nähen kann ich«, sagte sie und es klang bitter.

»Yasemin, du kannst so viel! Ich habe das nicht so gemeint. Es war wahnsinnig toll, dass du den Job überhaupt

gekriegt hast. Und wir finden einen anderen Weg. Wir drei, wir kriegen das schon hin. Ich mach mich noch mal an Brüggenthies ran. Die Kollegen haben die Kanzleichefs ja befragt. Vielleicht erzählt er mir irgendetwas, das uns weiterbringt.«

»Ich hab 'ne zu große Klappe.«

»Manchmal vielleicht«, antwortete Nina mit einem Lächeln. »Aber lieber zu groß, als nie das Maul aufzumachen.«

»Na gut.« Yasemin atmete tief durch. »Ich hab 'ne Idee. Nächste Woche fahren wir zu Adils Familie. Etwa vierzig Tage nach dem Tod gibt's bei den Muslimen noch mal eine Art Trauerfeier für Verwandte und Freunde. Damit schließt man quasi die Trauerphase ab. Isso Tradition. Vielleicht finden wir da ja was raus.«

»Ich bin doch eine Wildfremde und kann da nicht einfach …«

»Das lass mal meine Sorge sein.« Yasemin blickte in ihren Eistopf. »Willste auch was?«, fragte sie Nina.

»Total gerne! Wo hast du noch einen Löffel?«

»Küche, Schublade neben der Spüle.«

Nina stand auf, und als sie zurückkehrte, hielt ihr Yasemin den Eistopf hin. Gemeinsam löffelten sie ihn leer.

»Entschuldigung angenommen?«, fragte Nina anschließend vorsichtig.

Yasemin nickte. Sie schleckte ihren Löffel ab, ließ ihn in den Becher fallen und schnappte sich das Kissen. Ehe Nina reagieren konnte, landete es auf ihrem Kopf.

»Na, warte!« Sie ging zum Gegenangriff über und die beiden Frauen ließen die Kissen erst wieder fallen, als der Mieter unter ihnen gegen die Decke klopfte.

32.

In der dreißigsten Minute war der Torbann gebrochen. Schuppan verwandelte einen Freistoß und die Südtribüne feierte. Am Ende spielte die Arminia gegen Union Berlin 4:4 und Tim Brüggenthies stand nicht nur wegen der hochsommerlichen Temperaturen der Schweiß auf der Stirn.

»Die haben 3:1 geführt! Die hätten den verdammten Dreier mitnehmen müssen!«, regte er sich nach dem Abpfiff auf.

»Aber im Gegensatz zu meinem letzten Besuch auf der Alm war es echt unterhaltsam!« Nina klopfte ihm tröstend auf die Schulter. »Komm, ich gebe dir ein Getränk und einen Salatstängel zum Trost aus.«

»Sehr witzig, Frau Gruber. Ich bevorzuge eine doppelte Pommes mit viel Mayo.«

»Davon wird man fett!«

»Sehe ich fett aus?«

»Kann ich so nicht beurteilen, ich müsste dich nackt sehen«, parierte sie.

Brüggenthies lachte. »Du stellst dich bei den Pommes an, ich beim Bier.«

Mit Essen und Getränken versorgt, verließen sie das Stadion und schlenderten zurück in Richtung der Stadtbahnhaltestelle am Siegfriedplatz.

»Danke, dass du mich noch mal hierher mitgenommen hast, hat wirklich Spaß gemacht. Ich hoffe, du kriegst deshalb jetzt nicht mit deiner Begleitung vom letzten Almbesuch Probleme«, versuchte Nina, Brüggenthies aus der Reserve zu locken.

»Ich denke, meinem Patenkind ist das ziemlich egal«, entgegnete der schmunzelnd.

Nina gab ihr Bestes, um die Erleichterung und Freude, die sie verspürte, nicht zu offensichtlich zu zeigen. »Sag mal, du hast mir doch erzählt, dass Adils Arbeitgeber ihn wegen Drogenkonsums abgemahnt hatte«, kam sie stattdessen lieber schnell auf den Fall zu sprechen. Das war schließlich der eigentliche Grund, warum sie sich mit ihm verabredet hatte.

»Mhm.«

»Habt ihr eine Kopie davon in euren Akten?«

»Wieso?« Brüggenthies pikte seine letzten Pommes auf und schmiss das leere Schälchen in einen Mülleimer.

»Nur so. Und, sag mal, habt ihr nachgehakt, an welchem Fall er zuletzt gear…«

»Sag mal, willst du mich verarschen?« Er blieb stehen und schaute ihr in die Augen.

Nina war von seiner Wut überrascht. »Ich …«

»Du lässt hoffentlich die Finger von diesem Fall. Von diesem abgeschlossenen Fall. Abgeschlossen.« Er drehte mit seiner rechten Hand einen Schlüssel in einem imaginären Schloss um und verschüttete dabei etwas von seinem Bier. »Und gibt es eigentlich auch mal ein Treffen, bei dem du nichts von mir willst? Oder ist bei dir immer alles nur Kalkül, Miss Kühlschrank?« Er nahm einen letzten großen Schluck und schmiss auch den Plastikbecher weg.

»Es tut mir leid. Vergiss, dass ich gefragt habe«, antwortete sie und bemühte sich, ihre Stimme sanft klingen zu lassen. Er würde sich bestimmt gleich wieder abregen. »Hast du noch Lust auf ein Getränk am Siggi?«, versuchte sie, das Thema zu wechseln.

»Heute nicht«, sagte er und schmiss damit ihre Theorie vom schnellen Abregen in die Tonne.

»Okay. Dann … biege ich hier mal ab.« Sie deutete auf die Seitenstraße. »Danke für den Wahnsinnsnachmittag auf der Alm.«

Er nickte und ging wortlos weiter geradeaus. Sie schaute ihm nach. Er drehte sich nicht noch einmal um, sondern fädelte sich in den Arminia-Fanstrom ein. Wenige Sekunden später war er in der Masse untergetaucht.

Nina stellte ihren Bierbecher auf einer Mauer ab. Sie hatte keinen Durst mehr.

Als Minuten später ihr Handy in ihrer Hosentasche brummte, hoffte sie, dass er es sich anders überlegt hatte und sich doch noch auf ein Bier einladen lassen würde. Doch auf ihrem Display leuchtete eine unbekannte Bielefelder Nummer auf.

»Hallo?«

Was sie dann zu hören bekam, rundete ihren Nachmittag auf perfekte Weise ab.

33.

Eine halbe Stunde später schloss sie die Wohnungstür ihrer Mutter auf. Es roch nach Schimmel und Schweiß. Beeindruckend, wie konsequent man eine Wohnung verwahrlosen lassen kann, dachte Nina, bemüht, die Szenerie nicht an sich heranzulassen, nicht in ihr Herz, sondern sie nur mit ihrem Verstand zu betrachten. Sie war mit den schlechten Phasen ihrer Mutter aufgewachsen. Erst mit dem Alkohol und der Wut, später, da war Nina bereits fast erwachsen, kam Hettas Krankheit hinzu. Vor einiger Zeit hatte sie beschlossen, sich von den Tiefphasen ihrer Mutter nicht mehr mitreißen zu lassen. Sie betrachtete sie vom Spielfeldrand aus und half, wo Hilfe zugelassen wurde. Um Hettas Wohnung würde sie sich später kümmern. Zunächst suchte sie im Schrank nach sauberer Kleidung, wurde sogar fündig, nahm ein Duschgel aus dem Bad, entschied, an der Tankstelle eine neue Zahnbürste zu kaufen, und fuhr zum Krankenhaus.

Hetta lag in der psychiatrischen Klinik des Evangelischen Krankenhauses in Bethel. Schon mehr als einmal hatte Nina hier am Bett ihrer Mutter gesessen, darauf gewartet, dass es wieder besser wurde, und sich dabei schuldig gefühlt.

»Mein Leben habe ich für dich aufgegeben, Häuser hätte ich gebaut, berühmt wäre ich geworden! Stattdessen habe ich Windeln gewechselt und dich undankbares Blag großgezogen.« Sätze wie diese hatte Hetta ihr früher immer wieder vor den Kopf geknallt. Und sie dann an den Armen gepackt und ins fensterlose Bad gezogen. Weil sie mal wieder nicht artig gewesen war. Weil sie nie spurte, wie ihre Mutter es genannt hatte.

Dieses Geräusch, wenn Hetta die Tür von außen abgeschlossen hatte, war das schlimmste Geräusch ihrer Kindheit gewesen. Die Ungewissheit, wann ihre Mutter sie wieder öffnen würde, hatte sie meistens zunächst bitterlich weinen, dann schreien und irgendwann, wenn die Kraft sie verließ, nur noch wimmern lassen. Solange sie Hetta draußen fluchen oder etwas kaputt machen hörte, war sie trotz allem noch einigermaßen beruhigt gewesen. Dann wusste sie, dass ihre Mutter noch in der Wohnung – und am Leben war. Kaum auszuhalten war es gewesen, wenn sie nichts mehr gehört hatte.

Gelegentlich hatte sie es geschafft, sich abzulenken, indem sie die Kacheln an den Wänden gezählt hatte. Oft musste sie wieder und wieder anfangen, weil ihr Schluchzen und ihre Weinkrämpfe sie vergessen ließen, bei welcher Kachel sie angelangt war. Später hatte sie sich angewöhnt zu singen, ihr eigenes Singen hatte sie getröstet, dabei hatte sie ihre Arme um sich selbst geschlossen und war nach vorne und nach hinten gewippt, bis die Panik nicht mehr sie, sondern sie die Panik im Griff gehabt hatte. Doch die Angst, dass ihre Mutter sie endgültig verlassen und sich die Tür nie wieder öffnen würde, hatte sie nie verlassen.

Sicher, es hatte auch die guten Phasen gegeben. Die, in denen sich Hetta abends mit ihr hingesetzt und sie zusammen gemalt hatten. Ihre Mutter konnte wunderbar zeichnen. Sie hatte Architektin werden wollen. Als sie mit Nina viel zu früh schwanger geworden war, hatte sie das Studium abgebrochen und eine Ausbildung zur Bauzeichnerin absolviert. Ihren Vater hatte Nina nie kennengelernt.

Und sie erinnerte sich daran, wie Hetta und sie gemeinsam Geschichten erfunden und Nina sie aufgeschrieben hatte, um ein Buch daraus zu basteln. In Momenten wie diesen hatte sich Nina keine bessere Mutter vorstellen können.

Im Eingangsbereich des Krankenhauses hielt sie ihre Hände unter den Desinfektionsspender und fragte auf der Station nach Hettas Zimmernummer. Die Krankenschwester bat sie, im Wartebereich Platz zu nehmen, weil der behandelnde Arzt mit ihr vorab ein kurzes Gespräch führen wolle.

Nina setzte sich auf einen der unbequemen Stühle und blickte auf die künstliche Grünpflanze, die blass und deprimierend auf sie wirkte. Alles wirkte blass in einem Krankenhaus, fand Nina. Immer wenn sie die Türschwelle übertrat, sog ihr das Krankenhaus alle Farbe, alle Zuversicht und Lebensenergie aus ihrem Körper.

Nach einer Viertelstunde kam ein beeindruckend fetter Mann im Arztkittel auf sie zu und führte sie in einen Besprechungsraum. Sie hörte das Übliche. Ihre Mutter habe ihre Medikamente nicht regelmäßig genommen, verwahrloster Zustand bei Auffinden durch die Putzfrau, depressiver Schub, dehydriert, neue medikamentöse Einstellung, Aufenthalt Minimum zwei Wochen.

»Natürlich steht und fällt der Behandlungserfolg auch mit der Mitarbeit der Angehörigen.« Der Arzt beugte sich über den Tisch, wobei das Fett an seinem Trizeps hin und her wackelte. »Ihre Mutter braucht Ihre Unterstützung!«, sagte er mit vorwurfsvoller Stimme.

»Ach, ehrlich? Ich dachte, sie braucht nur ein bisschen mehr Eierlikör und die Sache ist geritzt.« Meinte der dicke Matz im weißen Kittel wirklich, er müsse ihr erklären, wie sie mit ihrer Mutter umzugehen hatte? Wollte er ihr ernsthaft etwas über Verantwortung erzählen? Sie musterte die weiße Wand gegenüber und spürte den Impuls, aufzustehen und das Krankenhaus zu verlassen. Einfach zu gehen, die Straße hinunter, über die Kreuzung, weiter geradeaus, einfach weiter, immer weiter. Wo sie wohl landen würde, wenn sie das täte? Stünde sie irgendwann am Meer? Oder vor einem Achttausender? In der Wüste?

»Frau Gruber, das hier ist kein Spaß.«

»Glauben Sie mir, wenn das jemand weiß, dann ich.« Sie erhob sich. »Danke für Ihre gut gemeinten Ratschläge, ich gehe jetzt zu meiner Mutter.« Sie schloss zügig die Tür hinter sich und ging den Krankenhausflur hinunter.

Hetta lag im Bett am Fenster und sah blass aus. Ihre Augen waren geschlossen. Still setzte sich Nina auf den Stuhl daneben und wartete. Irgendwann öffnete Hetta die Augen, blickte zu ihrer Tochter, schien zu überlegen, wer sie war.

»Bist du hier, um mir Vorwürfe zu machen?«, fragte sie schließlich mit schwerer Zunge. Die Medikamentendosis, die sie im Moment erhielt, hätte offensichtlich für einen ausgewachsenen Walfisch gereicht.

»Ich bin hier, um dir frische Unterhosen zu bringen«, antwortete Nina.

Hetta fielen die Augen wieder zu. Ein Gespräch hatte an diesem Tag keinen Sinn. Nina legte die Kleidungsstücke und Kosmetikartikel in den Schrank und verließ das Krankenzimmer.

Vor der Tür bemerkte sie, dass sie die Luft angehalten und ihre Schulter zu den Ohren gezogen hatte. Tief atmete sie ein und aus, ließ die Schultern fallen. Ohne es zu merken, hatte sie den Spielfeldrand verlassen und mischte mit. Das ist Hettas Spiel, nicht deins, rügte sie sich. Du kannst ihr Spiel nicht mehr drehen. Deins aber vielleicht schon.

Zu Hause ließ sie die Wohnungstür hinter sich ins Schloss fallen, sie sehnte sich nach Ruhe. Bleib für den Rest des Tages bitte draußen, Welt, dachte sie, holte sich eine Flasche Wasser aus der Küche und setzte sich damit in den Schaukelstuhl ihrer Großmutter. Es war an der Zeit für fast sprichwörtliche Gehirnwäsche. War es in ihrem Inneren ganz stürmisch, half eine heftig geschüttelte Flasche Wasser mit viel Kohlensäure. Die Aufgabe bestand darin, die Flasche zu öffnen, ohne dass auch nur ein Tropfen überlief. Langsam den Verschluss drehen, bis die Blubberbläschen gefährlich schnell hochschossen, dann wieder schließen. Warten.

Wieder ein bisschen öffnen.

Zudrehen.

Für Minuten galt ihre ganze Konzentration der himmelblauen Wasserflasche und den Blubberbläschen. Je nach innerer Sturmstärke schüttelte sie die Flasche unterschiedlich oft, bis sie wieder ruhiger wurde.

Es wirkte auch heute.

Sie hatte drei Mal schütteln müssen.

34.

Der Regen prasselte auf die Windschutzscheibe, als Nina und Yasemin zu Adils Familie fuhren.

»Muss ich gleich etwas Wichtiges beachten? Ein Ritual? Den Tee nach Mekka ausgerichtet nehmen oder so was?« Nina warf Yasemin einen Seitenblick zu.

»Du bist nervös.«

»Nein. Ich bin nur gerne vorbereitet.«

»Halt dich einfach an mich und zieh die Schuhe aus.«

Ein junger Mann öffnete ihnen die Tür. Er sei ein guter Freund Adils, erklärte Yasemin leise. »Das ist übrigens Adils Zimmer.« Yasemin deutete beim Ausziehen der Schuhe auf die erste Tür, die rechts vom Flur abging. Nina verstand den Wink.

Im Wohnzimmer, das eigentlich zu klein für die vielen Besucher war, arbeitete sich Yasemin geschickt durch die Menge schnurstracks zu Adils Mutter vor, die von einigen Frauen umringt in der Mitte des dunkelbraunen Sofas saß. Yasemin flüsterte ihr etwas ins Ohr, zeigte auf Nina, die kurz die Hand zur Begrüßung hob. Adils Mutter erhob sich, trat auf Nina zu und umarmte sie fest. Die dabei gemurmelten türkischen Worte verstand sie nicht.

»Ich habe ihr gesagt, du seist eine Dozentin an der Fakultät für Jura und wolltest dein Beileid ausdrücken«, informierte Yasemin sie leise. »Sie freut sich darüber und hofft, dass Adil ein guter Student war.«

Nina nickte automatisch. Ein Mann, der am Fenster mit einem Glas Tee stand, schaute skeptisch herüber. Eine ältere Dame klopfte ihr dagegen auf die Schulter, reichte ihr ebenfalls ein Glas Tee und deutete ihr, sich von dem süßen Gebäck auf dem Tisch zu bedienen.

Nina nippte an dem warmen Getränk und sah zu, dass sie an den Rand des Geschehens rückte, während Yasemin nun einen nach dem anderen begrüßte. Als Nina nach einer Weile das Gefühl hatte, dass sie niemand beachtete, stellte sie ihr Glas vorsichtig auf einer Kommode ab und schlüpfte in den Flur.

Leise öffnete sie die Tür zu Adils Zimmer und schloss sie gleich wieder hinter sich. Der Raum wirkte, als käme Adil gleich von der Arbeit nach Hause. Auf einem Bügel am Schrank hing ein faltenfreier Anzug. Das Bett war sorgfältig gemacht. Im Regal standen hauptsächlich Gesetzessammlungen und juristische Fachbücher. An der Wand hing ein Poster des Films *Die Unbestechlichen.*

Nina musterte seinen Schreibtisch. Um den Computer zu durchforsten, hatte sie keine Zeit. Sie öffnete die Schubladen. Ein Locher, Stifte, Heftklammern, alles ordentlich sortiert, nichts Auffälliges. Auf der Papierunterlage, die auf dem Schreibtisch lag, hatte Adil handschriftlich ein paar Zahlen notiert, Kreise, Dreiecke und Nikolaushäuser gekritzelt.

Nina schluckte. Der junge Mann hatte sein Leben noch vor sich gehabt. Vielleicht wäre er ein Spitzenanwalt geworden. Vielleicht hätte er geheiratet, Kinder bekommen, einen Baum gepflanzt. Vielleicht hätte er sich mit vierzig Jahren sein Hirn weggekokst. Egal, wie es verlaufen wäre – jemand hatte ihm die Chance genommen, sein Leben zu leben. Sie schluckte erneut und blinzelte ein paar Mal.

Links neben dem Schreibtisch stand eine großformatige Mappe, die sie behutsam öffnete. Adil hatte Talent gehabt. Sie blätterte durch die Bleistiftskizzen, es waren hauptsächlich Porträts. Ein sehr gelungenes von seiner Mutter, aber auch Skizzen von der Sparrenburg oder dem Stadttheater.

Nina stutzte. Die Zeitungausschnitte gehörten hier nicht hinein. Sie überflog die Artikel. Eine Meldung, dass der Stadtrat den Bebauungsplan für ein Gelände in Uni-Nähe genehmigt hatte. Der andere Artikel war etwas älter und berichtete von einem lokalen Bauträger, der wohl massive Finanzprobleme hatte und dem die Insolvenz drohte, würde kein Wunder geschehen.

»Falls Sie die Toilette suchen, die ist eine Tür weiter«, hörte sie eine eiserne Stimme sagen.

Nina zuckte zusammen. Der Mann, der vorhin am Fenster gestanden hatte, durchbohrte sie mit seinem Blick.

»Es tut mir leid, ich …«

Hinter ihm tauchte Yasemin auf, erfasste die Situation und begann in rasender Geschwindigkeit auf Türkisch zu reden. Der Mann ließ die Worte auf sich wirken, gab eine knappe Antwort und verließ die beiden.

»Was hast du ihm gesagt?«

»Dass du Ausstellungen im Foyer der Uni organisierst. Dass ich dir von Adils Bildern erzählt hab und dachte, du könntest sie dir mal anschauen, um seine Skizzen auszustellen. Keine Panik, Adils Vater hält das für keine gute Idee.«

Nina nahm schnell die Zeitungsartikel an sich und legte die Mappe zurück. »Wir gehen jetzt trotzdem besser.«

Yasemin nickte. »Lass uns noch den Tee austrinken, sonst wirkt das echt unhöflich.«

Kurze Zeit später verabschiedeten sie sich von der Trauergesellschaft und derselbe junge Mann, der ihnen die Tür geöffnet hatte, geleitete sie wieder hinaus.

»Hast du etwas gefunden?«, fragte Yasemin, als sie wieder im Auto saßen.

»Vielleicht. Ich weiß nicht.« Nina zog die Zeitungsartikel aus ihrer Jackentasche.

»Neues Baugebiet in Bielefeld. Großes interkulturelles Wohnprojekt geplant. Ja, ich glaub, da habe ich letztens mal was von gehört. Eine Mitarbeiterin bei der Flüchtlingshilfe redete davon.«

»Du engagierst dich in der Flüchtlingshilfe?« Nina guckte kurz zu Yasemin rüber.

»Ja, wieso? Ich geh da einmal die Woche hin. 'n bisschen übersetzen und was so anfällt.«

»Wow.« Nina entschuldigte sich stumm bei Yasemin, dass sie ihr Engagement in der Flüchtlingshilfe für eine ausgemachte Lügengeschichte gehalten hatte. Diese junge Kioskbesitzerin war wie eine Wundertüte.

»So. Und was haben wir hier noch?« Yasemin nahm sich die zweite Seite vor und ließ den ersten Artikel über das interkulturelle Wohnprojekt achtlos in den Fußraum rutschen. »Oetker bringt eine Schokopizza auf den Markt? Ist ja wi-der-lich!«

»Nein, also ja. Widerlich. Aber guck darunter.«

»Irgend 'n Bauträger, der fast pleite ist.«

Nina nickte. »Die Meldung ist ein halbes Jahr älter. Warum hatte Adil diese Artikel in der Mappe zwischen seinen Bildern liegen? Das könnte ein erster Hinweis sein.«

»Adil soll wegen ein paar Häusern getötet worden sein? Und was hat der mit 'nem Bauträger am Hut gehabt?«

Nina zuckte mit den Schultern. »Wir sollten uns die Sache auf jeden Fall mal näher anschauen. Ruf Doro an, die soll dazu schon mal recherchieren.«

Yasemin folgte der Bitte und gab die Neuigkeiten weiter. »Doro sagt, bis heute Abend wird sie bestimmt erste Ergebnisse haben. Wir sollen um achtzehn Uhr bei ihr aufschlagen. Und bis dahin weiß ich, was wir machen. Fahr uns zum Kiosk.«

»Berkan ist doch da.«

»Genau. Das heißt, ich hab Zeit, dir endlich mal 'ne anständige Frisur zu machen. Das wird bestimmt auch dem Bullen gefallen.«

»Brüggenthies ...«

»Jaja, interessiert dich nicht, blabla. Erzähl das deiner Oma.« Nina spürte, wie Yasemin kritisch ihren Kopf betrachtete. »Wie mutig bist du?«

»Yasemin!«

»Jetzt mach dir mal nicht inne Hose.« Die Deutschtürkin lachte. »Ich weiß schon genau, was wir machen.«

Nina parkte das Auto vor dem Kiosk, nahm die von Yasemin achtlos im Fußraum verteilten Zettel und folgte ihr ins Hinterzimmer.

»Setz dich, Kopp in Nacken, erst mal waschen.«

Yasemin wählte ein angenehm nach Orangen duftendes Shampoo und wusch ihr nicht einfach nur die Haare, sondern nahm sich Zeit für eine ausgiebige Kopfmassage. Nina schloss die Augen und spürte, wie sich die kleinen Härchen in ihrem Nacken und auf ihren Armen aufstellten. Sie überlegte, wann ihr das letzte Mal ein Mann eine solche Gänsehaut verschafft hatte. Wann ihr jemand liebevoll über den Kopf und den Rücken gestreichelt hatte, bis zum Po weitergewandert und ihn fest in seine Hände genommen hatte. Es war zu lange her. Vor zwei Jahren hatte sie eine Affäre mit einem Typen angefangen, den sie auf einer Hochzeit einer Arbeitskollegin kennengelernt hatte. Fünf, sechs Monate unverbindlicher Sex. Gemeinsame Unternehmungen hatten sich auf das Pizzabestellen danach beschränkt. Er hatte ihr irgendwann keine Nachricht mehr geschickt und sie hatte seine Nummer gelöscht. Dabei hatte am meisten wehgetan, dass es ihr scheißegal gewesen war. Kein Liebeskummer. Kein ekelhaftes Ziehen im Magen. Wie bescheuert war man, wenn man sich nach Liebeskummer sehnte? *Miss Kühlschrank* hatte Brüggenthies sie genannt. Immerhin hatte er damit bei ihr ein Magenziehen verursacht, der blöde Bulle.

»Ey, Frau Polizistin, biste eingepennt?«, riss Yasemin sie aus ihren Gedanken.

»Mhm«, antwortete Nina träge.

»Kann ich gut, ne?!«

»Mhm.«

Yasemin wickelte ein Handtuch um die nassen Haare und Nina richtete sich widerwillig auf.

»Setz dich vor den Spiegel. Ich zeig dir, was ich vorhabe.« Sie kämmte Ninas Haare und schaute sie konzentriert dabei an. »Ich schneide kaum etwas weg. Du solltest dir die Haare etwas länger wachsen lassen, das lässt deine Konturen nicht so hart wirken.«

Nina war insgeheim beeindruckt, dass Yasemin das Wort *Kontur* in den Mund nahm. Ihre sonst so flapsige und vorlaute Art war mit einem Mal verschwunden. Hinter ihr stand eine junge Frau, die sehr professionell wirkte und offensichtlich wusste, wovon sie sprach. Sie hatte nichts mit der zweiundzwanzigjährigen Yasemin gemeinsam, die einen

Kurzen nach dem nächsten herunterkippte und gerne die Kreditkarte älterer Männer für das x-te Paar High Heels belastete. Wir Menschen haben alle multiple Persönlichkeiten, dachte Nina. Täglich schlüpfen wir in verschiedene Rollen. Sie überlegte, welcher Mensch all ihre Facetten kannte und trotzdem noch mit ihr redete. Ihr fiel nur die Psychotherapeutin ein, bei der sie wegen ihrer Aggressionsprobleme in Behandlung gewesen war. Gut, die wurde dafür ja auch bezahlt.

»Ich werde dir blonde Strähnchen setzen und wähle dafür einen warmen Ton. Es wird dir gefallen, vertrau mir.«

»Ich vertraue dir«, antwortete Nina und meinte es auch so.

»Berkan«, brüllte Yasemin im nächsten Moment und ließ Nina zusammenzucken. »Bring uns mal zwei Kaffee. Wir sitzen hier noch länger.«

Honig. Als sie auf ihre fertige Frisur im Spiegel schaute, musste sie an flüssigen Akazienhonig denken und bekam Heißhunger auf ein Brot, wie sie es als Kind bei ihrer Oma gegessen hatte. Eine Scheibe Graubrot, dick mit Butter bestrichen. Weil Nina meistens zu ungeduldig gewesen war, darauf zu warten, bis die Butter weich war, hatte sie beim Streichen Löcher ins Brot gerissen, durch die der Honig auf ihre Finger floss, während sie das Brot aß. Das hatte ihr nichts ausgemacht, im Gegenteil, es gehörte dazu und Nina liebte es, ihre Finger abzulecken und den puren Honig zu schmecken.

»Verkaufst du Honig im Kiosk?«

»Hä?«

»Ach nichts. Ich mag die Farbe auf meinem Kopf.«

»Das freut mich. Macht dich auch mindestens zwei Jahre jünger«, neckte Yasemin.

Als Antwort nahm Nina das Handtuch von ihrer Schulter und schlug es Yasemin um die Beine.

35.

Die Standuhr in Doros Flur schlug sechs, als Nina und Yasemin die Kommandozentrale betraten. Doro begrüßte die beiden gut gelaunt. »Oh, Nina! Was für eine tolle Frisur! Hat sie nicht Talent, unsere Yasemin?«

Nina nickte. »Ja, hat sie ganz anständig hingekriegt.«

»Nina hat's nich' so mit Komplimenten, aber das bring ich ihr auch noch bei«, bekam sie von Yasemin prompt die Retourkutsche.

Doro lachte. »Setzt euch, ihr Lieben, ich hab Tee gekocht, bedient euch. Ich habe den lieben langen Tag recherchiert und euch einiges zu erzählen!« Dorothee nahm ihren Laserpointer in die Hand und deutete auf den neuen Spiegelstrich *Bauland* an ihrer Wandtafel. Nina mochte sich täuschen, aber Dorothee wirkte jünger auf sie als noch vor ein paar Tagen.

»Also, ein Teil des Geländes zwischen Uni und Fachhochschule bis zum Stadtteil Babenhausen ist vor Kurzem als Baugebiet ausgewiesen worden«, begann Doro ihren Vortrag. »Neues Bauland ist prinzipiell ja zu begrüßen, die Einwohnerzahl unseres schönen Bielefelds wächst und die Prognosen für die kommenden Jahre sagen voraus, dass das so bleibt. Steigende Studentenzahlen, Zuzüge aus EU-Ländern und, na klar, Geflüchtete. Im letzten Jahr waren das 3.400. Und was meint ihr, wie viele junge Familien Baugrund suchen und nicht fündig werden! Höchstens am Arsch der Welt oder zu unbezahlbaren Preisen.«

Yasemin nickte. »Freunde von mir suchen schon seit zwei Jahren.«

»Dann ist das hier zudem ein besonderes Bauvorhaben, ein interkulturelles Wohnprojekt. Öffentlich gefördert, vorbildhaft, gegen Monowohnkulturen, ein paar nette Mehrfamilienhäuser, ein paar Einfamilienhäuser, passende Infrastruktur drum herum. Ich war auf der Website. Sieht alles klasse aus. Seltsam ist aber, dass das alles so schnell gegangen ist. Normalerweise dauern solche Verfahren bis zur Baugenehmigung Jahre und nicht selten werden die Vorhaben wieder gestoppt. Bei diesem Projekt lief alles wie Schmitz' Katze.« Dorothee ließ ihren Laserpointer wieder und wieder um das Wort *Bauland* kreisen.

»Ist doch schön, wenn es einfach mal läuft.« Yasemin zuckte mit den Schultern.

»In einer Stadtverwaltung läuft's einfach?« Nina zog die Augenbrauen hoch. »Das ist so wahrscheinlich wie …«

»… ein Sechser im Lotto, genau.« Dorothee zielte mit dem Laserpointer auf Ninas Bauch und ließ den Lichtpunkt hoch und runter wandern. Offensichtlich eine Art von Zustimmung.

»Okay. Aber wenn ihr das so seht, müssten die von der Zeitung das doch erst recht so sehen. Wieso haben die da nicht nachgehakt?«

»Tja, Liebes, in früheren Zeiten hätten sie das wahrscheinlich. Heute sitzen in den Lokalredaktionen ein Volontär und ein Praktikant. Und so lesen sich dann auch die Artikel. Gut, Zeitung mal beiseite, aus meinen vielen Krimis habe ich gelernt, nach Verbindungen zu suchen. Daher habe ich mir den Lebenslauf von unserem Anwalt Dresing genau angeschaut. Sein Abi hat er auf dem Ratsgymnasium gemacht und danach hat er Jura in Bielefeld studiert.« Sie deutete auf den Anwaltsnamen und zog mit ihrem Pointer weiter auf den des Bauamtsleiters Rosenkötter, der neben Dresings stand: »Ratet mal, wer den gleichen Werdegang hat und im selben Alter ist.«

Nina nickte. »Soso. Die beiden haben also früher ihre Hausaufgaben voneinander abgeschrieben.«

»Das ist Verbindung Nummer eins. Und wusstet ihr, dass

Dresing vor drei Jahren Schützenkönig war? Wer Geschäfte machen will, tut gut daran, in Vereine einzutreten. Das weiß übrigens auch Bayer, unser Banker. Zwischen Pilsken und Schießen gibt's 'n feuchter Händedruck, mit denen Geschäfte besiegelt werden.«

»Und was ist mit dem anderen Artikel über den Bauträger, der Zahlungsprobleme hatte und dem wohl die Insolvenz drohte? Hatte der den Zuschlag für das Projekt gekriegt?«

Doro nickte. »Ja, *Hammerberger* aus Brake. Rettung in letzter Sekunde. Und jetzt wird's richtig spannend: Geschäftsführerin ist eine Hannelore Deutzer. Aber wem gehört die Firma?«

»Steht das nicht auf der Website?« Yasemin runzelte die Stirn.

»Sollte man meinen, Liebes. Doch es reicht, wenn der Geschäftsführer einer GmbH genannt wird. Die Gesellschafter müssen nicht aufgeführt sein. Ich habe mir den Auszug aus dem Handelsregister besorgt und Eigentümer der Firma ist …« Doro legte eine kunstvolle Pause ein, ging zu ihrer Tafel und schrieb mit einem roten Stift in ihrer sorgfältig geschwungenen Handschrift den Namen *Paul Dresing* darauf.

»Dresing?« Yasemins Augen wurden so groß, dass ihr ganzes Gesicht aus nichts anderem mehr zu bestehen schien.

»Interessant.« Nina lehnte sich in ihrem Stuhl zurück und versuchte, die Informationen zu einem großen Ganzen zusammenzupuzzeln. »Vater vom Kanzleichef Dresing? Onkel? Bruder? Yasemin, hast du in der Kanzlei Bernd Dresing je von einem Paul sprechen hören?«

Yasemin schüttelte den Kopf.

»Ab morgen recherchiere ich den Verwandtschaftsgrad, dafür hatte ich heute nicht genügend Zeit«, sagte Doro.

»Okay, also einem Verwandten gehört der Bauträger, der das Wohnprojekt realisiert und sich damit wieder saniert. So weit, so egal. Anwalt und Notar Dresing kennt den Bauamtsleiter und hat eventuell das Genehmigungsverfahren beschleunigt, um dem klammen Familienmitglied unter die Arme zu greifen.«

Doro nickte. »Genau. Klingt plausibel. Aber musste Adil deshalb sterben?«

Yasemin schaute zwischen den beiden Frauen hin und her, während sie gedankenverloren auf einer Haarsträhne kaute.

Nina schüttelte den Kopf. »Nein, da fehlt noch was …«

»Aber was?« Yasemins Stimme klang ungeduldig.

»Langsam, ich bin noch nicht fertig«, antwortete Doro. »Ich war auch auf der Website der *Deusparcom,* der Bank, bei der Norman Bayer alias Herr Schütze arbeitet. Die Bank ist die Hausbank des Bauunternehmers. Bleibt also alles in der großen Kanzleifamilie, wenn ihr so wollt.«

»Okay, aber …«

»… du glaubst, da ist noch mehr im Argen«, vollendete Doro Ninas Satz.

»Genau. Ich werde die Tage mal in das Neubaugebiet fahren und mich umhören.«

»Was ist eigentlich mit deinem Superbullen? Hast du ihn gefragt, was er über Adils letzten Fall weiß?«

»Dass Brüggenthies mir keinen Nasenbruch verpasst hat, als ich ihn darauf angesprochen hab, war alles. Keine Chance, von dem erfahre ich nichts mehr.«

»Was für ein Idiot! Aber egal.« Yasemin zuckte mit den Schultern. »Wir drei Mädels schaffen es auch ohne den Bullen.«

36.

Spazierte man durch das Neustädter Viertel, ruhig gelegen in der Altstadt, atmete man Geschichte ein. Die Ecke war als Handwerkersiedlung im 13. Jahrhundert entstanden und hatte sich in den vergangenen Jahren zu einem lebendigen Viertel mit besonderen Geschäften entwickelt.

Nina schaute in das Schaufenster des Schneidwarenkontors, das ihr noch nie zuvor aufgefallen war. Einige Meter weiter blickte sie in ein liebevoll eingerichtetes Café. *Gemach* war ein sehr gelungener Name für einen solchen Ort. Etwas mehr Gemächlichkeit im Allgemeinen würde dieser Welt vermutlich guttun.

Nina hingegen gelang es nicht einmal, die Treppen in dem gegenüberliegenden Gebäude langsam hochzugehen, in dem sich in der dritten Etage eine Zahnarztpraxis befand. Sie nahm immer zwei Stufen auf einmal und öffnete fünf Minuten vor ihrem vereinbarten Termin die Praxistür.

Die nette junge Dame vom Empfang geleitete sie, kaum dass sie sich eine Zeitung geschnappt hatte, vom Wartezimmer in den Behandlungsraum 3. Dort schallte aus eingelassenen Boxen in der Decke Radiogedudel, um die Patienten von Bohrgeräuschen aus dem Nachbarzimmer abzulenken.

Die Tür öffnete sich, schwungvoll kam ein solariumgebräunter Endvierziger herein und lächelte Nina mit einem gebleachten Gebiss an. »Eine neue Patientin, wie schön! Haben wir Probleme oder sind Sie nur zur Kontrolle hier?« Er gab ihr die Hand.

»Um ehrlich zu sein, haben wir große Probleme«, antwortete Nina und betonte das *wir*. »Übrigens wurden Sie mir wärmstens von meiner guten Freundin Yasemin empfohlen.«

Das Lächeln des Arztes erfror von einer Sekunde auf die nächste und Nina nahm fasziniert zur Kenntnis, dass auch braun gebrannte Menschen plötzlich blass aussehen konnten.

»Andrea, würden Sie uns bitte kurz entschuldigen, bereiten Sie doch schon mal den Patienten in Raum 2 vor. Ich komme gleich.«

Nachdem die Zahnarzthelferin zögerlich den Raum verlassen hatte, setzte sich Joachim Deppe mit verschränkten Armen vor Nina hin. »Was wollen Sie von mir?«

»Ich möchte, dass Sie Yasemin in Ruhe lassen.«

Joachim Deppe lächelte milde. »Dass ich sie in Ruhe lasse? Hauptsache die lässt meine Familie und mich in Ruhe! Die kleine Schlampe ist zu meiner Frau gerannt und hat mein Leben verkompliziert für durchschnittliches Vögeln am Wochenende. Jetzt muss ich bei Insa zu Kreuze kriechen. Und da glaubst du, ich mache mir noch mehr Arbeit und laufe der hinterher?«

»Und warum wurde dann vor drei Tagen Ihr Volvo vor Yasemins Kiosk gesichtet? Am Morgen danach lag ein Paket mit einer toten Ratte vor ihrer Tür …« Bewusst siezte sie den Arzt weiter und lehnte sich in dem Behandlungssessel scheinbar entspannt zurück, kreuzte ihre Arme hinter ihrem Kopf.

Für einen Moment schien er sichtlich überrascht, fing sich aber schnell wieder. »Jetzt hör mir mal gut zu! Ich bin da vorbeigefahren, ja. Aber aus Zufall. Ich war auf der Rückfahrt vom *Strada,* dem kleinen französischen Restaurant. Ich habe vorm Kiosk eine kleine Gestalt gesehen, dachte erst, es sei Yasemin, bin kurz langsamer geworden, aber sie war's nicht. Es war irgendein Typ.«

»Wie sah der aus?«

»Was weiß ich denn. Klein eben. Hatte Narben im Gesicht.«

»Wie konnten Sie denn im Dunkeln sehen, ob der Narben hatte?«, hakte Nina skeptisch nach.

»Weil er unter der Laterne stand, du Neunmalkluge«, antwortete der Zahnarzt. »Ansonsten war's eben ein Kerl wie jeder andere. Nachts treiben sich viele dunkle Gestalten auf den Straßen herum. Da sollte man besonders als Frau achtgeben.«

Narben.

Dieses Arschloch hatte ihr tatsächlich geholfen, Yasemins Stalker zu identifizieren. Er war die ganze Zeit vor ihren Augen herumgelaufen.

Nina blickte in das selbstgefällige Gesicht des Zahnarztes und erhob sich aus dem Behandlungsstuhl. »Ich schätze, ich suche mir besser einen anderen Zahnarzt. Zwischen uns stimmt die Chemie irgendwie nicht.« Sie zog ihr Handy aus der Tasche. »Aber ich glaube, zunächst fahre ich zu Ihrer Frau und spiele ihr unser aufgenommenes Gespräch vor. Besonders die Stelle, in der es um das durchschnittliche Vögeln mit Yasemin ging und dem lästigen Zukreuzekriechen, wird Ihre Frau bestimmt interessieren, denken Sie nicht?« Zügig öffnete sie die Tür des Behandlungszimmers und ging zum Ausgang. So hatte Joachim Deppe keine Chance zu reagieren, ohne dass es Patienten und seine Mitarbeiter mitbekommen hätten.

Nina hatte nichts mitgeschnitten. Aber wer Yasemin eine Schlampe nannte, dem sollte ruhig für eine Weile das Herz in die Hose rutschen.

Nina stieg in ihr Auto und fuhr zu Yasemins Kiosk. Auch wenn sie noch nicht herausgefunden hatte, wer für Adils Tod verantwortlich war, hatte sie heute zumindest einen Teilerfolg erzielt. Erich stalkte Yasemin. Das würde bald ein Ende finden, dafür wollte Nina sorgen. Sie würde Erich ins Gebet nehmen. Aber vorher wollte sie Yasemin und Doro über die neuesten Entwicklungen informieren.

Sie fand einen Parkplatz direkt vor dem Kiosk. Doch Yasemin stand nicht hinter dem Tresen.

»Yasemin?«, rief Nina durch den Kiosk und schaute ins Hinterzimmer. Auch dort war niemand. In einem der Regale lag Yasemins Smartphone. Nina warf einen Blick auf die Uhr. Kurz nach drei. Yasemin hatte keinen Termin erwähnt. Nina spürte, dass sie unruhig wurde, obwohl es keinen wirklichen Grund dafür gab. Doch ihr Kopfkino wurde übermächtig. Was, wenn Erich ausgerechnet heute übergriffig geworden war? Dass sich Stalker schließlich als gewalttätig erwiesen, kam nicht selten vor. Was, wenn Nina zu spät gekommen war, wenn … Sie verließ den Kiosk und lief in den Hinterhof, Richtung Hauseingang. Als sie um die Ecke gebogen war, atmete sie vor Erleichterung tief aus. »Yasemin!«

Der Deckel der Altpapiertonne stand offen und die Kioskbesitzerin zerkleinerte mit ihrem üblichen Getrampel Kartons.

»Yasemin! Dir geht's gut!«, stellte Nina zur Begrüßung fest.

»Hey! Klar geht's mir gut. Wieso auch nicht?«

Nina versuchte, ihre Atmung zu beruhigen. »Ich habe so viele Neuigkeiten, das glaubst du nicht!«

37.

Sie hatten das Schild an der Tür von *Auf* auf *Zu* gedreht, ließen die Beine vom Tresen baumeln und hielten frisch gebrühten Kaffee in ihren Händen.

»Ich bringe es mal schnell auf den Punkt«, sagte Nina und nahm einen Schluck, bevor sie weitersprach. »Erich der Kleine stalkt dich.«

»Erich??? Wie kommst du denn darauf?« Yasemin stellte ihre Tasse auf dem Tresen ab.

»Ich habe heute deinem Zahnarzt einen Besuch abgestattet. Ich dachte erst, er wäre es. Du hast ein weiteres böses Päckchen bekommen, als ich gearbeitet habe. Das hab ich dir wohlweislich verschwiegen. In der besagten Nacht hat Doro das Auto des Zahnarztes hier gesehen. Er war's nicht, er ist durch Zufall vorbeigefahren. Ihm ist aber Erich vor deinem Kiosk aufgefallen.«

»Erich also. Ich schnall's nicht.«

»Du hattest wirklich nichts mit ihm, oder?«

»*Aptal,* nein! Guck ihn dir doch mal an. Und diese Stimme! Da klingt mein kleiner Cousin ja männlicher!«

Nina hob abwehrend die Hände. »Ist ja schon gut. Wir werden herausfinden, was ihn dazu getrieben hat.«

»Ja, aber jetzt muss ich dir auch was erzählen: Erich war heute zum Haareschneiden hier und normal war der nich'!«

»Er war heute hier? Und inwiefern war er nicht normal?«

»Erzähl ich dir. Aber nur, wenn du mir versprichst, mich nicht wieder anzuschreien.«

»Ich versprech's.«

Yasemin sprang vom Tresen und schenkte Nina zunächst Kaffee nach. »Kann nämlich sein, dass ich wieder ein bisschen ins Plaudern gekommen bin.«

Nina zog eine Augenbraue hoch. »Du hattest mir was versprochen.«

»Ja, und du hast mir versprochen, nicht zu brüllen. Er hat doch so nett gefragt und es war doch nur Erich der Kleine …«

»Was wollte er denn wissen?«

»Ach, wir kamen noch mal auf Adil zu sprechen. Das hat ja jeder in Bielefeld mitbekommen. Aber Erich hat mich heute voll ausgefragt. Wie eng ich denn mit Adil so gewesen wäre, ob ich wüsste, ob die Polizei noch ermittelt, und ob ich Angst hätte, dass das auch der Stalker war.« Sie zuckte mit den Schultern. »Ich hab ihm gesagt, dass du meintest, dass das nichts miteinander zu tun hat, und du müsstest es wissen, schließlich wärste ja Polizistin.«

»Er wusste nicht, dass ich Polizistin bin?«

»Nee, so erstaunt, wie er geguckt hat, nich'. Aber woher auch? Erich wohnt ja nicht in unserem Viertel, sondern am anderen Ende der Stadt. Der dachte, du hilfst mir hier halt im Kiosk.«

»Und mehr hast du ihm nicht erzählt?«

Yasemin dachte nach. »Na ja, dass ich nicht glaube, dass Adil an einer Überdosis gestorben ist, auch wenn das in der

Zeitung stand. Und dass wir deshalb versuchen rauszufinden, was da wirklich passiert ist. Als ich dann gesagt hab, dass es vielleicht was mit diesem Bauland zu tun haben könnte und dass da was stinkt, ist er plötzlich voll nervös geworden und wollte wissen, was ich damit meine, dass mit dem Bauland was nicht stimmt. Und ich so: Keine Ahnung, da sind wir ja gerade dran. Naja und dann war er voll unentspannt und meinte, er müsse dringend los. Ich hätte dem beinahe meine Schere in den Kopf gerammt, weil der so plötzlich aufgesprungen ist. Und dann isser ohne ein weiteres Wort raus aussem Kiosk.«

»Weißt du, wo Erich wohnt?«

»Die genaue Adresse?« Sie schüttelte den Kopf. »Nee. Detmolder Straße, hat er mal erwähnt. Aber die ist verdammt lang, wie du weißt.«

»Wieso ist der so hektisch geworden, als du den Baugrund erwähnt hast? Was hat Erich damit am Hut? Das passt für mich alles noch nicht zusammen.« Nina seufzte. »Wie dem auch sei. Ich fahre jetzt zu dem Neubaugebiet. Vielleicht kann ich mit jemandem reden oder mir fällt was auf oder der Sauerstoff bringt mein Gehirn auf Trab. Falls Erich sich hier noch mal blicken lassen sollte, klingelst du sofort durch, dann komme ich.«

»Okay.« Yasemin hielt sich den Bauch und verzog das Gesicht.

»Geht's dir nicht gut?«

»Mir ist ein bisschen übel, wahrscheinlich vom vielen Kaffee. Ich werde mal was essen.«

»Mach das. Und falls Erich kommt und du kriegst Schiss oder der wird aggressiv …«

»… dann hacke ich ihm mit meinen High Heels ein Loch in den Kopf.«

Nina deutete einen Schlag auf Yasemins Hinterkopf an.

Die lachte. »Dann ruf ich die Bullen, is' schon klar.«

38.

Nina haute mit voller Wucht gegen das Lenkrad. Wieso war sie nicht aufmerksamer gewesen? Sie hatte Erich als komischen Kauz abgestempelt und ihn nicht ernst genommen! Sie fuhr dem Wagen vor ihr viel zu dicht auf, der wechselte auf die rechte Spur. Die Ampel vor ihr wurde rot. Nun standen der Verdrängte und sie wieder nebeneinander. Stur schaute sie geradeaus, um nicht in das höhnisch lächelnde Gesicht ihres Nebenmannes zu blicken.

Sie musste ruhiger werden. Nina blickte nach links aus dem Fenster, stellte sich eine Schneelandschaft im Harz vor, durch die sie mit dicken Winterstiefeln wanderte, die herrlich klare Winterluft einatmend.

Es half ein wenig. Es gelang ihr, langsamer und klarer zu denken. Als die Ampel auf Grün sprang, fuhr sie gemächlich an.

Erneut versuchte Nina, ihre Gedanken zu ordnen. Erich war Yasemins Stalker. Seine Beweggründe waren unklar, er wollte sie vermutlich nicht wirklich verletzen, dazu hätte er mehrfach die Chance gehabt. Wahrscheinlich war er einfach verliebt. Krank und verliebt. Menschen taten so viele dumme Dinge aus vermeintlicher Liebe.

Sie hatten die Leiche im Altpapiercontainer gefunden. Warum zur Hölle interessierte Erich sich plötzlich für Adil und vor allem: Warum hatte ihn die Nachricht über dieses Bauland so nervös werden lassen?

Sie wussten, dass die Kanzlei *Dresing & Partner* Dreck am Stecken hatte, alte betuchte Leute ausnahm und irgendwie bei dieser Neubausiedlung mitmischte. Bruder oder Vater Dresing realisierten das Projekt. Das war nicht sauber und verstieß gegen das Vergaberecht, aber in anderen Städten wie zum Beispiel Köln wurden Aufträge ja quasi nur in diesem Stil vergeben.

Vielleicht waren die Grundstückspreise überteuert.

Vielleicht hatten sie ja auch Leichen dort verbuddelt.

Nina schlug erneut auf das Lenkrad. Sie wollte, verdammt noch mal, wissen, warum Adil sterben musste! Für Yasemin. Und für ihre Polizistinnenehre.

Nina bog auf den Schotterweg ab, der in das Neubaugebiet führte, stoppte nach einigen Metern und blickte links über die weite Wiese, auf der bald eine ganze Siedlung entstehen würde. Rechts von ihr standen bereits drei fertige Mehrfamilienhäuser und erste Rohbauten für Einfamilienhäuser.

Sie stieg aus und ging langsam die Straße hinunter, blickte zu den Fenstern der Wohnungen, sah hier eine Begonie und dort eine Orchidee stehen. Selbst gemachte Bilder und handgeschriebene Stundenpläne klebten an den Kühlschränken. Sie fragte sich, wie viele Menschen hinter diesen Fenstern wohl glücklich waren, wie viele traurig und wie viele sich diese Frage gar nicht stellten, sondern einfach funktionierten. Ach, das waren doch Quatschfragen, sie war wegen etwas ganz anderem hier.

»Ziehen Sie in die Dachgeschosswohnung?«, hörte Nina eine Stimme hinter sich.

Vor den Müllcontainern stand eine Frau in ihrem Alter und schaute sie freundlich an.

»Hallo! Nein, ich ziehe hier nicht ein. Ich war, ehrlich gesagt, nur neugierig. Hab das Schild von der Hauptstraße aus gesehen und dachte, ich gucke mal, was es mit diesem interkulturellen Wohnprojekt auf sich hat«, log Nina. »Wissen Sie, ob hier noch etwas zum Verkauf steht?« Sie deutete auf die Wiese.

Die junge Frau strich sich eine Haarsträhne aus dem Gesicht. »Die Grundstücke und Eigentumswohnungen sind alle verkauft, so hab ich's zumindest vom Bauträger gehört. Wir sind wahnsinnig glücklich, dass Firas, mein Mann, und ich die Eigentumswohnung bekommen haben.« Sie zeigte auf die dritte Etage des Mehrparteienhauses.

»Sie haben lange gesucht?«

»Ach, Jahre.« Die Frau winkte ab. »Mein Mann ist Informatiker, ich bin Dolmetscherin, aber Sie glauben nicht, was wir alles erlebt haben. Falls Sie einen Weg suchen, depressiv zu werden, begeben Sie sich mal mit einem ausländischen Namen auf Wohnungssuche.«

»Und hier hat's sofort geklappt?«

Die Frau nickte. »Wir passen ins Konzept. Migrationshintergrund. Super integriert. Zahlen Steuern. Vorzeigeausländer für ein Vorzeigeprojekt!« Die Frau lächelte, aber ihre Augen lachten nicht mit. »Als wir den Kaufvertrag unterschrieben haben, konnte ich mein Glück kaum fassen.«

»Darf ich fragen, wie's mit den Preisen aussieht?«

»Erstaunlich erschwinglich. Liegt wahrscheinlich an den öffentlichen Zuschüssen, die der Träger für das Projekt kriegt.« Sie zuckte mit den Schultern. »Ist mir auch egal. Ich bin einfach nur erleichtert, dass wir was Eigenes haben, was wir auch bezahlen können. Wissen Sie, wir haben vorher in Baumheide gewohnt. Und jetzt gucken Sie sich hier mal um.«

Nina blickte über das große Gelände, im Hintergrund befand sich ein Wald, überall würde man ins Grüne schauen. »Ich freue mich für Sie.«

»Ich sag Ihnen, falls ich jemals Kinder in die Welt setze, bekommen die einen deutschen Vornamen, damit sie es etwas leichter haben. Wird schon so alles schwer genug.« Die Frau schloss die Mülltonne. Durch ein geöffnetes Fenster hörte man das Klingeln eines Telefons, die Frau blickte hoch, nickte Nina zum Abschied zu und ging schnell zum Haus. Offenbar wollte sie den Anruf nicht verpassen.

Nina lief den Schotterweg weiter hinunter. Sie spazierte über die matschige Wiese und zog den Reißverschluss ihrer

Übergangsjacke zu. Wind war aufgekommen und es wurde frischer. Der nächste Regen würde nicht lange auf sich warten lassen. Aus der Ferne wehten die brummigen Geräusche, die ein Bagger bei seiner Arbeit am anderen Ende des Geländes von sich gab, zu ihr herüber.

Was zur Hölle hatte Adil gewusst, das so brisant war, dass er sterben musste? Und für wen war es brisant? Sie schüttelte den Kopf. »Verdammte Scheiße!« Sie blickte auf ihren rechten Schuh. Der letzte Schritt hatte sie direkt in die Matsche geführt. Bis eben hatte sie ein Paar weiße Turnschuhe besessen, nun war der rechte schimmernd schlammbraun. Wahrscheinlich hatte einer der Bagger Öl verloren.

Nina schloss ihre Augen. Der blaue, tiefblaue Ozean. Sie versuchte, die salzige Luft auf den Lippen zu spüren, und sagte sich, dass es nur Turnschuhe waren. Sie würde sie waschen können. Oder sich einfach neue kaufen. Das waren nur Turnschuhe, kein Grund, um wütend zu werden. Kein Grund, wirklich nicht.

Das Vibrieren in ihrer Tasche ließ sie ihre Augen wieder öffnen und den Rückweg antreten, während sie den Anruf annahm. »Hallo, Doro, das ist gut, dass du dich meldest!«

Nina erzählte zügig, dass Erich der Kleine Yasemins Stalker war.

»Tja, es zeigt sich immer wieder: Du kannst den Leuten nur vorn Kopp gucken«, antwortete Doro. »Aber ist das nicht großartig? Jetzt wird zumindest dieser Spuk bald ein Ende haben! Ich hab dich angerufen, weil auch ich Neuigkeiten habe: Es handelt sich bei Paul Dresing um Dresings jüngeren Bruder, dem das Bauunternehmen gehört. Paul Dresing ist vier Jahre jünger als der Anwalt Bernd Dresing.«

»Also Brüder. Alles klar, Doro. Ich fahre noch kurz bei meiner Mutter im Krankenhaus vorbei und komme dann zu euch. Dann können wir uns gemeinsam überlegen, wie wir mit Erich verfahren.«

39.

Mit jeder Stufe, die sie im Treppenhaus des Krankenhauses nahm, verdunkelte sich ihre Stimmung. Sie war es leid, die Babysitterin für ihre Mutter zu spielen. Doch irgendwas hielt sie davon ab, den Kontakt dauerhaft abzubrechen.

Schließlich war Hetta krank.

Und ihre Mutter.

Sie saß im Jogginganzug auf der Bettkante, als Nina das Zimmer betrat.

»Hast du nichts Besseres zu tun, als deine Mutter zu besuchen?«

»Doch, aber bleibt mir eine Wahl? Ich sehe, es geht dir besser.«

»Die Medikamente sind scheiße, die gehen auf die Muskeln. Ich habe Gummibeine.«

»Aber dein Kopf scheint klarer zu sein. Wer braucht schon Beine, wenn er Verstand haben kann.«

»Du redest mal wieder Schwachsinn.«

»Dafür habe ich funktionierende Beine.«

Sie grinsten sich an. Dieser Besuch würde vielleicht doch nicht so schlimm werden, wie Nina es befürchtet hatte.

Hetta strich ihren Jogginganzug, der optisch in den Achtzigerjahren verortbar war, an ihren Oberschenkeln glatt. »Sie haben mir ein neues Medikament gegeben und testen jetzt die richtige Dosierung.«

Nina nickte. »Ich habe einen Reinigungsdienst für deine Wohnung bestellt. Wenn du wieder nach Hause kommst, ist alles picobello.«

Nun war es Hetta, die nickte.

»Hetta, ich …«

»Ich weiß. Stammel nicht unnötig herum. Ruf den Pflegedienst an. Die sollen kommen und mir morgens und abends die verdammten Pillen geben, wenn ich wieder raus bin.«

»Wie? Gar kein Drama? Wir schreien uns nicht mal ein bisschen an?«

»Die Pillen machen mich weich wie eine braune Banane. Du hast gewonnen.«

Gewonnen. Nina stieß Luft durch ihre Nase. Ihre Mutter traf eine sinnvolle Entscheidung für ihr eigenes Leben und tat so, als täte sie ihr damit einen Gefallen. Sei's drum. Sie war erleichtert, nicht weiter kämpfen zu müssen. »In Ordnung.« Sie lächelte ihre Mutter an. »Dann besorge ich dir mal einen besonders feschen Pfleger. Blond oder brünett?«

»Hauptsache, unter vierzig.«

Nina versuchte, die Pornobilder, die über Hettas Fernseher geflimmert waren, aus ihrem Hirn zu verbannen.

»Willst du eine kurze Runde spazieren gehen? Danach muss ich wieder los«, wechselte sie das Thema.

»Jau, ich brauche dringend Zigaretten. Und weißt du, ob die am Kiosk die Straße runter Eierlikör haben?«

»Hetta!«

»War doch nur ein Scherz, jetzt piss dir mal nicht in die Hose.«

Ohne Protest setzte sich Hetta in den Rollstuhl, der neben ihrem Bett stand, und ließ sich von Nina schieben. Auch wenn die Erfahrungen der vergangenen Jahre das nicht rechtfertigten, hoffte Nina, dass diese neuen Pillen Hetta vielleicht auch langfristig pflegeleichter sein ließen.

Nachdem sich ihre Mutter am Kiosk mit Tabak eingedeckt hatte, schob Nina sie in den angrenzenden kleinen Park und hielt an einer Bank. Die Sonne ließ sich blicken und sie wollte die wenigen Strahlen genießen, bevor die grauen Wolken sie wieder verdecken würden.

Mit zittrigen Händen drehte sich Hetta eine Zigarette. »Scheißzeug«, murmelte sie und meinte damit offensichtlich die Medikamente. »Aber auch du siehst müde aus, was ist mit dir? Neuer Stecher?«, erkundigte sie sich dann in gewohnt charmanter Manier.

»Ich habe eine Mutter, die zum x-ten Mal in der Klapse verweilt, und ein laufendes Verfahren am Hals. Reicht das?«, konterte Nina und verspürte den Drang, auch eine Zigarette zu rauchen. Es war ein Segen, dass sie nicht drehen konnte und ihre Mutter niemals darum bitten würde.

»Daf iffes nich' allein«, stellte die mit der Zigarette zwischen den Lippen fest und zündete sie an.

»Ich habe dir doch von der Leiche im Altpapiercontainer erzählt, die Yasemin und ich gefunden haben«, gab Nina nach. »Wir sind da was auf der Spur.«

»In der Zeitung stand, der wäre an einer Überdosis gestorben?«

»Ja, trotzdem stimmt da was nicht. Wir glauben, der Tote hat was rausgefunden, was er nicht rausfinden sollte. Wahrscheinlich geht's um ein Neubaugebiet, das zwischen Babenhausen, FH und Uni …«

»Da, wo früher der alte Johannpeter den Abfall entsorgt hat?«

»Wer?«

»Das Grundstück gehörte früher dem Johannpeter. Der hatte da seinen Hof und viel Land. Erinnerst du dich nicht mehr? Ich habe dich als Kind manchmal dahin mitgenommen. Mensch, der Johannpeter wusste zu feiern! Hatte immer genug Flaschen im Haus. Du bist meistens irgendwann unter seinem Küchentisch eingeschlafen. Warst noch sehr klein. Auf jeden Fall hat er auf dem riesigen Gelände Müll entsorgt. Giftiges Zeug von verschiedenen Unternehmern. Damals nahm man das mit der Umwelt ja nicht so genau. Heute wäscht man Joghurtbecher aus.« Hetta deutete mit ihrer Handbewegung an, was sie davon hielt: *Ballaballa, bescheuert, die Leute von heute.* »Das Entsorgen hat er sich damals gut bezahlen lassen, der Johannpeter. War eigentlich keine schlechte Partie. Egal. Ich würde auf der Erde jedenfalls kein Haus bauen wollen. Wobei«, sie blickte auf ihre Zigarette, »bei mir wär's schon wieder egal.«

»Aber mal ehrlich: Das kann heutzutage doch nicht mehr möglich sein, auf verseuchter Erde zu bauen! Es gibt doch Vorgaben, strenge Richtlinien! Bodenproben und was weiß ich nicht alles!«

»Pfffff, liebes Töchterlein. Dein Vertrauen in unsere Behörden in allen Ehren. Aber wenn du bescheißen willst, findest du immer einen Weg. Auch heute noch. Gib mir mal den Stock da«, forderte Hetta.

Nina wusste zwar nicht, was das sollte, tat ihr aber den Gefallen. Hetta malte in die Erde vor sich ein Rechteck, in das sie Längs- und Querlinien einzeichnete, die recht schief wurden, weil ihre Hände so zitterten.

»Was machst du da?«, fragte Nina.

»Als gelernte Bauzeichnerin hab ich ja ein bisschen Ahnung von solchen Sachen. Schau mal. Das ist ein Grundstück. Da wird bei der Vermessung ein Raster drübergelegt, das sind diese Linien. Die Bodenproben werden stichprobenartig genommen. Hier zum Beispiel oder hier.« Sie malte einen Punkt in das hintere mittlere Rechteck und in das daneben. »Wenn du jetzt weißt, im vorderen Bereich des Geländes werden die Werte eher bescheiden sein, weil da der Johannpeter seinen Scheiß entsorgt hat ...«

»... dann lässt du eben von hinten Proben entnehmen, wenn du den Prüfer kennst ...«

Hetta nickte. »Ganz genau. Oder, eine andere Möglichkeit, du nimmst den Deponieinhaber mit ins Boot, bei dem die Erde entsorgt werden soll ... Aber der müsste natürlich einen verdammt guten Grund haben, das Spielchen mitzuspielen. Wie dem auch sei, du siehst, theoretisch ist heute noch Beschiss möglich. Mit solchen Vorgehensweisen könn-

te der Verkäufer von den Grundstücken auf jeden Fall viel
Geld für Sanierungen sparen und zeitfressende Umwelt-
maßnahmen umgehen. Die Kaufverträge enthalten vielleicht
sogar einen wohlformulierten Gewährleistungsausschluss.
Ob der unanfechtbar wäre, ist erst mal egal. Man müsste als
Käufer prüfen, nachweisen, dass der Verkäufer einen getäuscht hat. Da geht vielen doch schon die Düse und sie
lassen es gleich sein.«

»Aber sind solche belasteten Gebiete nicht sowieso schon
bei der Stadt bekannt?«

Hetta zuckte mit den Schultern. »Die meisten sicherlich.
Manche bösen Überraschungen werden aber erst nach Baube-
ginn entdeckt. Und dann wird's kompliziert und teuer. Das
Umweltamt wird eingeschaltet und so weiter und so weiter …«

»Ich muss los«, sagte Nina unvermittelt und löste die
Bremsen am Rollstuhl.

»Na, hat dir deine Mutter mal wieder den Arsch gerettet,
was?«

Das Tempo, mit dem Nina den Rollstuhl schob, ließ
Hetta sich fest an den Armlehnen festkrallen, sodass ihre
Fingerknöchel weiß hervortraten.

40.

Nina setzte sich in ihren Golf und fuhr los. Was hatte die
Frau gesagt? Sie hatten die Wohnung in der zweiten Etage
gekauft? Oder in der dritten? Vielleicht würde ihr ja der
Nachname auf dem Klingelschild den richtigen Hinweis
liefern. Die Frau hatte nett und offen gewirkt, vielleicht
hatte Nina Glück. Aber was sollte sie ihr eigentlich sagen?
Guten Tag, wir haben uns eben vor den Müllcontainern
kennengelernt, dürfte ich mal kurz einen Blick in Ihren
Kaufvertrag werfen?

Sie wählte die Strecke über die Werther Straße, um die Jöllenbecker Straße mit ihren vielen Ampeln zu umgehen. Während sie geradeaus dahinrollte, angelte sie sich ihr Handy und rief Doro an.

»Pass auf, ich habe nicht viel Zeit und erkläre dir heute Abend alles in Ruhe. Wenn sich gleich eine Frau bei dir meldet und bestätigt haben will, dass du mich als Privatermittlerin engagiert hast, bestätige es ihr bitte.«

Doro fragte nicht groß nach und versicherte, dass ihre schauspielerischen Fähigkeiten dafür mehr als ausreichen dürften.

Wenige Minuten später parkte sie ihren Wagen auf einem Parkplatz, der zum Mehrfamilienhaus gehörte und der eigentlich einem Auto mit dem Kennzeichen *BI BA 213* vorbehalten war.

Ein Blick auf die Klingelschilder ergab, dass sie die Namen *Ehlebracht* und *Müller* ausschließen konnte, bei *Salek* und *Malik* musste sie raten. Nina entschied sich für *Salek* und klingelte.

»Hallo?«, ertönte wenig später eine Frauenstimme durch die Gegensprechanlage und Nina atmete durch. Die Stimme war ihr bekannt.

»Hallo, hier spricht Nina Gruber, wir haben uns vorhin vor dem Haus unterhalten. Entschuldigen Sie die Störung. Wenn es Ihnen nichts ausmachen würde, hätte ich noch ein, zwei Fragen zu den Grundstücken hier. Haben Sie fünf Minuten Zeit für mich?«

Nina glaubte förmlich zu hören, wie die Frau am anderen Ende der Leitung abwägte. Nach einer gefühlten Ewigkeit ertönte endlich der Türsummer.

Eine Stunde später trat sie wieder vor die Tür und nahm einen Zettel unter ihrer Windschutzscheibe weg, auf dem stand: *Das nächste Mal lasse ich dich abschleppen, Arschloch!!!!!*

Das war nur fair, fand Nina und lächelte. Mit einer weiteren Notlüge hatte sie bei Zada Salek ihr Ziel erreicht. Sie hatte behauptet, dass sie ihr an den Mülltonnen zunächst nicht die ganze Wahrheit erzählt habe. Sie arbeite als Privatermittlerin für Dorothee Klasbrummel, einer alten Dame, die sehr wohlhabend, aber auch sehr ängstlich sei. Frau Klasbrummel, alleinstehend, keine eigenen Kinder, habe eine Option auf ein Baugrundstück, wolle aber vorab sicherstellen, dass alles in Ordnung sei, das Umfeld, die Menschen, die Kaufbedingungen. Es sei schon auch ein bisschen traurig, dass Frau Klasbrummel so ängstlich, ja fast schon paranoid sei, aber Nina wolle ihr Bestes geben, der Frau ihre Sorgen zu nehmen. Und da sie, Frau Salek, bei ihrer ersten kurzen Begegnung, die ja leider durch den Telefonanruf unterbrochen worden sei, einen solch netten Eindruck gemacht habe, sei sie sich sicher, aus ihrer Hand ehrliche Informationen zu erhalten. Denn die richtigen Quellen seien ja das A und O beim Ermitteln.

Nachdem Zada Salek den angebotenen Anruf bei Doro getätigt hatte, schwand ihr Misstrauen und sie hatte Nina daraufhin einiges über die Nachbarn erzählt, die ihrer Aussage nach ausnahmslos nette Menschen waren. Das hatte sich Nina, innerlich immer ungeduldiger werdend, scheinbar interessiert angehört, freundlich dabei genickt und sich der Glaubwürdigkeit halber Notizen gemacht. Danach durfte sie dann endlich Teile des Kaufvertrages abfotografieren. Keine Preise, keine persönlichen Daten. Die waren Nina ohnehin egal, sie hatte es auf die Klauseln abgesehen.

Sie tastete ihre Jackentasche ab und fühlte ihr Smartphone. Mit diesen wertvollen Bildern würde sie nun schnurstracks zu Doro und Yasemin fahren.

41.

Die Sonne verschwand hinter den Häusern, als Nina wieder vor Yasemins Kiosk parkte. Erleichtert stellte sie fest, dass die Welt noch immer in Ordnung war. Im Kiosk war Erika mit Yasemin in ein Gespräch über die neuesten Wolletrends vertieft. Yasemin gab Nina, die sie fragend anschaute, mit einem Kopfschütteln zu verstehen, dass Erich sich nicht mehr hatte blicken lassen.

»Nina, unsere Polizistin!«, begrüßte Erika sie. »Sach ma, strickst du eigentlich auch?«

»Nee, ich bin total untalentiert«, antwortete Nina, die darauf brannte, sich mit Yasemin und Doro in der Kommandozentrale zu treffen. »Aber du kannst mir gerne eine anständige Mütze für den nächsten Winter stricken. Ich friere immer so am Kopf.« Sie bemühte sich, den Small Talk entspannt zu Ende zu bringen. Auf zehn Minuten kam es nun auch nicht mehr an. Doch ihr Handy in ihrer Tasche schien zu glühen.

»Ja, kein Wunder, Mädchen, bei den kurzen Haaren! Aber schöne Strähnchen hast du jetzt drin! Lässt dich … netter wirken!«

Nina lächelte. Die Ostwestfalen waren einfach unschlagbar im Vergeben von Komplimenten. »Danke, Erika. Die Strähnen hat Yasemin gemacht.«

»Und ich hab ihr auch gleich gesacht, dass die Haare länger müssen. Dann klappt's bestimmt irgendwann mit dem heißen Bullen!«, mischte sich die Kioskbesitzerin ein.

»Yasemin!«

»Ich sach ja schon nix mehr. Wie wär's mit einem Käffchen für alle? Geht aufs Haus.«

»Jau«, antwortete Erika prompt.

»Nein danke.« Nina winkte ab. »So gerne ich deinen hervorragenden Kaffee trinken würde, Yasemin – ich muss jetzt erst mal etwas essen. Und ich muss dringend unter die Dusche. Ich war im Krankenhaus und rieche auch so.« Sie verabschiedete sich von Erika, nicht ohne ihr zu versprechen, demnächst trotz aller Talentlosigkeit in ihrer Strickrunde vorbeizuschauen, und deutete Yasemin, sie zur Tür zu begleiten.

»Tu mir einen Gefallen, hol Berkan her, er soll für dich einspringen! Lass uns schnellstmöglich oben treffen, ich habe viele Neuigkeiten. Wir sollten dich ohnehin aus der Schusslinie bringen, für den Fall, dass der Spinner wiederkommt«, flüsterte sie Yasemin zu.

Sie nickte. »Ich rufe Berkan an, sobald Erika weg ist.«

In ihrer Wohnung ging Nina als Erstes zum Kühlschrank, nahm sich eine Dose Cola und ein Rauchendchen heraus und biss in Letzteres genüsslich hinein. Sie spürte plötzlich, wie erschöpft sie von dem langen Tag war.

Ein Zitrone-Rosmarin-Bad würde sie wieder munter werden lassen. Während das heiße Wasser in die Wanne lief, genoss sie auf ihrem Balkon den Ausblick auf die grünen Hügel des Waldes, die gleich vollends von der Dunkelheit verschluckt sein würden.

Sie ging die Erkenntnisse des Tages noch einmal durch. Das Gelände war verseucht. Das war es, worauf Adil gestoßen sein musste. Die Kanzlei *Dresing & Partner* und der Bauträger-Bruder hingen in dem Geschäft mit drin. Eine schrecklich nette Familie. Aber warum hatte Erich so heftig reagiert, als Yasemin von dem Baugrund erzählte? Und wieso hatte er noch mal nach der Leiche gefragt? Jetzt? Wochen später? Sie nahm den letzten Schluck Cola. Schnell schrieb sie Doro eine Nachricht: *Erich steckt auch irgendwie in dem Bauvorhaben drin, keine Ahnung wie. Habe rausgefunden, dass das Gelände wahrscheinlich verseucht ist. Yase-*

min und ich kommen gleich hoch, dann reden wir über alles.
Over and out, gehe jetzt baden.

Danach legte sie ihr Handy zur Seite. Badewasser und Smartphones waren keine gute Kombination, auch das wusste sie aus Erfahrung. Sie zog sich aus und seufzte wohlig, als das warme, duftende Wasser sie umschloss. Als ihre Hände schrumpelig waren und sie sich im Ganzen entspannter fühlte, stieg sie, ohne sich abzuduschen, aus der Badewanne, damit der Geruch von Zitrone und Rosmarin an ihrer Haut hängen blieb. Die laute Melodie von *Eye of the Tiger* ließ sie zusammenzucken, sodass sie sich mit ihrem rechten Fuß im Slip verhakte und auf ihr Bett kippte. Schnell rappelte sie sich hoch und nahm Yasemins Anruf an.

»Er ist da«, hörte sie Nina sie sagen und dann klickte es in der Leitung.

In Windeseile zog sich Nina Jeans und Pulli über, rubbelte sich mit ihren Händen die nassen Haare in Form und stieg in ihre Turnschuhe.

Niemand stand hinter dem Tresen, als Nina die Kiosktür öffnete. »Yasemin«, rief sie.

»Hier!«, hörte sie die Stimme der Kioskbesitzerin aus dem Hinterzimmer. Nina blickte um die Ecke. Das Letzte, was sie sah, war, wie Yasemin gefesselt auf ihrem Friseurstuhl saß.

42.

Sie fühlte Nässe am Po. Das würde eine Blasenentzündung geben. Schlimmer aber waren die Kopfschmerzen, die wie ein Presslufthammer durch ihren Schädel wüteten. Ihre Augen waren schwer, so schwer. Sie wollte sie nicht öffnen, weil sie ahnte, dass die Schmerzen davon nur schlimmer werden würden. Die Stimmen, die immer lauter zu ihr durchdrangen, zwei vertraute, eine fremde: »*... nicht ernst, nimm die*

Pistole runter, das bist doch nicht du!« – signalisierten ihr, dass sie sie aber öffnen sollte! »*... über alles sprechen, wie erwachsene Menschen! Willst du mehr Geld? In Ordnung ...*«

»*Geld! Geld! Nicht alles kann man mit Geld gutmachen! Du gehörst zur Familie, hast du gesagt! Zur Fa-mi-lie!!*«

Nina versuchte, sich zu sammeln, die Augen noch so lange geschlossen zu halten, bis sie ganz bei Sinnen war. Wo war sie überhaupt?

Sie lehnte an einer Wand. Der Boden war lehmig und feucht. Ihre Beine waren ausgestreckt, die Hände lagen in ihrem Schoß. An ihren Handgelenken spürte sie einen kalten Widerstand. Langsam und vorsichtig fühlte sie mit ihrem Zeigefinger und spürte etwas Hartes, Metallenes. Handschellen.

Bewusst atmete sie durch die Nase ein. Es roch nach nasser Erde.

Nun war ihr klar, wo sie war.

Trotz der pochenden Schmerzen in ihrem Kopf, zwang sie sich, langsam die Augen zu öffnen.

»Ahhh, die Frau Polizistin, schön, dass Sie wieder unter uns sind. Genau zur rechten Zeit. Willkommen in der illustren Runde.«

Mageninhalt stieg ihr die Speiseröhre hoch. Sie schluckte ihn hinunter. Noch war das Bild, das die Augen an ihr Gehirn sendeten, verschwommen.

»Nina!« Yasemin stürzte zu ihr und hockte sich neben sie. Dabei stieß sie an Ninas Schulter. Eine neue Schmerzwelle schoss durch ihren Kopf.

»Geht es dir gut?«, fragte Yasemin mit Panik in ihrer Stimme. Auch Yasemins Hände waren gefesselt, allerdings mit Kabelbinder. Ansonsten schien sie äußerlich unversehrt.

Nina nickte. Und schwor sich, nie wieder zu nicken. Das tat höllisch weh. Ihr Mund war staubtrocken, für ein Glas Wasser hätte sie töten können.

Langsam wurde das Bild vor ihr klarer. Wie Nina es vermutet hatte, befanden sie sich in einem ausgehobenen Erdloch, das groß genug war für das Fundament eines Einfamilienhauses, über ihnen leuchtete der Sternenhimmel. Erich der Kleine stand einige Meter entfernt mit einer Pistole in der Hand und richtete sie auf eine Frau, die vor ihm im Schlamm kniete. Nina kannte sie nicht. Sie trug einen eleganten dunkelgrünen Rock und einen passenden Blazer dazu. Einer ihrer farblich darauf abgestimmten Pumps steckte im Dreck, wahrscheinlich hatte sie ihn beim Abstieg in das Loch verloren. Den anderen trug sie noch am linken Fuß. Ihr Blick war halb ängstlich, halb wütend.

»Ein Schrei und die Erste von euch stirbt. Und hofft nicht auf Hilfe oder Schaulustige. Wir sind hier auf einem Acker am Arsch der Welt, die paar Wohnhäuser sind zu weit weg. Ach, und sehen kann uns auch niemand, wir hocken ja wie die Häschen in der Grube.« Erich lächelte. Es war ein irres Lächeln. »In meiner Grube!«, brüllte er nun und drückte die Pistole an den Kopf der knienden Frau.

Deshalb hatte Erich also so alarmiert auf Yasemins Nebensatz über den Baugrund reagiert. Er war selbst Besitzer eines Grundstücks und hatte nach Yasemins Hinweis offensichtlich herausgefunden, dass der Boden hier sprichwörtlich zum Himmel stank. Nina versuchte, sich aufzuraffen, doch ihr fehlten die Kräfte. »Was soll das, was willst du von der Frau? Leg dich doch mit mir an, du halbe Portion!« Ihre Stimme klang schwächer, als ihr lieb war.

»Glauben Sie nichts von dem, was dieser Verrückte Ihnen erzählt«, schrie die fremde Frau.

»Ach, ihr kennt euch noch gar nicht? Yasemin, wärst du so gut und würdest deiner Polizistinnenfreundin erklären, welcher Abschaum hier vor mir hockt?«

»Dadasss …«, Yasemin räusperte sich, »… das ist Frau Dresing.«

Die Frau vom Chefanwalt, die halbtags in der Kanzlei arbeitete. Wieso kannten sich Erich und sie?

Yasemin schien Ninas fragenden Blick verstanden zu haben. »Erich hat in der Kanzlei als Fahrer gearbeitet. Das hab ich aber auch erst eben erfahren. Er beschimpft sie schon die ganze Zeit, dass sie ihn verraten hat und so … Mir hat er mal erzählt, er sei Lkw-Fahrer, durch ganz Europa und so. Das klang voll nach Abenteuer, aber das war dann wohl 'ne Lüge …«

Nina spürte etwas Feuchtes, das in ihren Nacken lief, wahrscheinlich Blut. Erich der Kleine hatte seine ganze Kraft in den Schlag gesteckt. »Aha. Und was du in deiner Freizeit machst, Erich, wissen wir ja mittlerweile auch. Du legst Yasemin tote Ratten vor die Tür und schickst ihr Fotos von kleinen Schwänzen.«

War das Betroffenheit in seinem Gesicht? Oder Scham? Nina war sich nicht sicher.

»Yasemin, mein Engel.« Erich wandte sich der Kioskbesitzerin zu. »Ich hab das doch nur gemacht, um dich zu mir zu führen. Um dir zu zeigen, dass ich der Richtige für dich bin. Auf Händen trage ich dich, mein Engel! Du bekommst alles, was du dir wünschst. Aber manchmal muss man Amor eben auf die Sprünge helfen. *Ich brauche einen richtigen Kerl an meiner Seite,* hast du mir beim Haareschneiden gesagt. Niemand, Yasemin-Engel, niemand hat übrigens solche wunderbaren Hände wie du. Wenn du mir meinen Kopf massierst, bin ich im siebten Himmel.« Yasemin verzog angeekelt ihr Gesicht, doch Erich schien es nicht zu bemerken. »Diese Stalker-Geschichte diente doch nur dem größeren Zweck …«

»*Lânet olsun!* Du hast ernsthaft geglaubt, so werden wir ein Paar, oder was?!« Yasemin war fassungslos. »Was ist falsch mit dir?«

»Ja, er hat den Stalker vorgetäuscht, dir erzählt, er würde

dich beschützen, und irgendwann hätte er mit dem Scheiß aufgehört und behauptet, er habe den bösen Mann zur Strecke gebracht. Das war der Plan, richtig, Erich?« Nina versuchte, die Aufmerksamkeit Erichs wieder auf sich zu lenken.

»Sie hätte einen echten Mann in mir gesehen! Aber du hast mir ständig dazwischengefunkt! Warst ständig an ihrer Seite! Ich konnte ja gar nicht mehr in Ruhe mit ihr reden!« Den letzten Satz brüllte er wieder. »Wenn Yasemin erst mal mit mir zusammen ist, wird sie merken, dass wir füreinander bestimmt sind. Yasemin, Engel, erinnerst du dich nicht an diesen wunderschönen Nachmittag im Tierpark, den wir zusammen verbracht haben? Da habe ich in deinen Augen gesehen, dass du das Gleiche fühlst wie ich!«

Yasemin blickte ihn für einen Augenblick entgeistert an, bevor der Groschen fiel. »Du meinst ... da haben wir uns aus Zufall getroffen und sind fünf Minuten gemeinsam den Weg entlanggegangen, bevor ich wieder abgebogen bin ... Das kannst du doch nicht ernsthaft ...«

War das ...? Ja, das war eine Polizeisirene, die Nina in der Ferne hörte. Sie schien näher zu kommen. Auch Erich hatte das Geräusch bemerkt, er hielt inne und lauschte angestrengt dem Ton.

Die Sirene kam näher.

Yasemin krallte ihre Finger in Ninas Schulter.

Die Sirene kam noch näher.

Und fuhr vorbei.

Erich atmete hörbar aus.

»Die kleine Sekretärin«, Beate Dresing deutete mit einer Kopfbewegung auf Yasemin, »war die Frau deines Lebens, von der du mir erzählt hast? Die, die mit dir zusammenziehen wollte? Ha, dass du so durchgeknallt bist, hätte ja selbst ich nicht gedacht!« Die Verachtung in ihrer Stimme war nicht zu überhören. »Aber immerhin, sie hat's bis in unsere Kanzlei geschafft, das muss ich ihr lassen.«

Yasemin löste sich von Nina. »Weil ich wissen will, warum Adil sterben musste.«

»Er starb an einer Überdosis. Liest man in deinem Alter keine Zeitung mehr oder reicht dafür dein Deutsch nicht?« Beate Dresing musterte Yasemin mit einem eiskalten Blick.

»Du lügst!«, brüllte Erich. »Wie so oft, du kannst ja gar nicht anders!« Er stieß die Juristin mit seiner Pistole tiefer in den Schlamm. »Beate hat deinen Freund getötet. Warum, das hat mich nicht interessiert. Sie bat mich, ihr zu helfen, die Leiche loszuwerden, ich tat es. Man hilft sich in einer Familie!« Er spuckte vor Beate Dresing auf den Boden. »Dass er ausgerechnet in deiner Mülltonne landete, war nicht geplant. Ich musste … improvisieren. Und ich wusste, der Hinterhof liegt geschützt im Dunkeln. Ich wusste nicht, dass du den Toten kennst, mein Engel.«

Yasemin schüttelte den Kopf.

»Aber auch das habe ich für uns getan«, fuhr er fort. »All mein Lohn fließt in unsere Zukunft. Ein Haus wollte ich dir bauen. Unsere eigenen vier Wände! Ich konnte ja nicht ahnen, dass ich so hintergangen werde. Nach meinem Friseurbesuch bei dir dämmerte es mir, warum dieser junge Anwalt sterben musste. Gleichzeitig wurde mir klar, man hat mich verraten. MICH! Einen Ehrenmann! Komm schon, Beate, erzähl, warum Yasemins kleiner Freund sterben musste.«

Kleiner Freund klang aus dem Mund dieses durchgeknallten laufenden Meters irgendwie witzig, fand Nina und schalt sich im nächsten Moment für diesen absurden Gedanken.

»Erzähl uns, dass immer schon dein Ziel ist, Bernd um jeden Preis bei dir zu halten, und dass du den Hals nicht voll genug kriegst! *An jedem Unfug, der passiert, sind nicht nur die Schuld, die ihn begehen, sondern auch die, die ihn nicht verhindern.* Das ist für deine Zitatensammlung, Yasemin.« Erich fuchtelte bedrohlich unachtsam mit seiner Pistole herum.

»Das ist, das ist alles nicht wahr, ich ... mein Mann ...«, stammelte Beate Dresing und versuchte, sich aufzusetzen.

»Lüg uns nicht an!«, brüllte Erich und trat ihr in die rechte Kniekehle. »Sag einmal die Wahrheit!«

Sie schrie auf, sackte wieder zusammen und fiel mit dem Gesicht in den Schlamm.

»Na, schön!«, zischte sie und versuchte ungelenk, sich mit ihren gefesselten Händen die Erde vom Kinn zu wischen. »Ich lasse mir doch nicht alles nehmen, wofür ich so viele Jahre so hart gearbeitet habe! Weder von meinem Mann, der alles vögelt, was unter dreißig ist und keine Zellulitis hat, noch von einem dahergelaufenen Türken, der meint, Recht und Ordnung sei das, was in den Gesetzen steht! Ein Imperium haben Bernd und ich uns aufgebaut! Wir sind wer in dieser Stadt! Das lasse ich mir nicht nehmen! Von niemandem!«

»Und was hatte Adil bitte schön mit Ihrem ... Imperium ... zu tun?«, fand Yasemin ihre Stimme wieder.

»Dein Freund meinte leider, sich in Dinge einmischen zu müssen, die ihn nichts angehen. Und ich bedauere seinen Tod. Wirklich. Denn ich mochte ihn. Er war fleißig. Er war höflich. Er war bescheiden.« Sie seufzte. »Ich hatte ihn die Kaufverträge für die Grundstücke hier vorbereiten lassen. Ohne sein Wissen habe ich am Ende einen kleinen Passus eingefügt, der Haftung bei Folgen von Umweltschäden ausschließt.«

Nina nickte. Genau das konnte man auf den Bildern in ihrer Tasche nachlesen.

»Keiner der Käufer hätte das beachtet. Aber Adil hat sich die Verträge noch mal angeschaut. Er ist zu mir gekommen, denn er vertraute mir. Am Tag unserer Benefizveranstaltung kam er in mein Büro, schloss die Tür und erzählte mir aufgewühlt von seiner Entdeckung. Dass jemand an den Verträgen rumgefuscht habe. Dass er über die frühere Nutzung dieses Grundstücks Nachforschungen angestellt habe. Er dachte, dass mein Mann die Verträge geändert hatte. Der ist ja auch der Notar in unserer Kanzlei. Ich habe ihn in dem Glauben gelassen. Habe im Büro ihm und mir einen Wodka auf den Schreck eingeschüttet und gesagt, ich würde mich darum kümmern.«

Yasemin wurde hellhörig. »Das kann gar nicht sein. Adil trinkt keinen …«

»… Alkohol, ja, das stimmt. Aber ich bin seine Chefin und sagte ihm, dass er den kleinen Schluck doch jetzt unmöglich abschlagen könne. Da war sein Obrigkeitsdenken wohl stärker als seine Prinzipien. In dem Alkohol hat er die …«

»… K.-o.-Tropfen, die Sie ihm in hoher Dosis reingeschüttet haben, nicht bemerkt. Und nachdem er ohnmächtig geworden war und sein Atem schließlich stillstand, ließen sie Adil von ihm beiseiteschaffen.« Nina deutete auf Erich. »Hätte man ihn in ein Krankenhaus gebracht, hätte er vielleicht überlebt.«

Yasemin stürzte auf Beate Dresing zu und spuckte ihr ins Gesicht. »Du kaltherzige Mörderin, *katil,* und das alles nur für Geld? Wie kannst du nur, wie kann man nur so werden? Adils Abmahnung hast du dann auch gefälscht, du Biest! Ich wusste, dass das nicht stimmte. Hab ich es nicht gesagt?« Sie blickte zu Nina. »Und was für einen verdammten Passus, was ist mit diesen Grundstücken, ich versteh das immer noch nicht!«

»Sie sind verseucht«, klärte Nina sie auf. »Die Menschen hier bauen ihre Zukunft auf verseuchter Erde. Das war mal eine Mülldeponie. Schwamm drüber, nicht wahr, Frau Dresing? Gibt's halt ein paar Krebskranke mehr. Hauptsache, Ihrem Familienunternehmen geht's blendend oder Ihrem Imperium, wie Sie es selber nennen. Woher hatten Sie die K.-o.-Tropfen?«

Zum ersten Mal erschien so etwas wie eine Gefühlsregung auf dem Gesicht der Juristin. »Die habe ich vor einigen Wochen in Bernds Jackett gefunden, als ich es zur Reinigung gebracht habe. Ich hab sie eingesteckt und geschwiegen.«

»Wieso hatte Ihr Mann ...?!«, fragte Yasemin.

Dass Dresing so weit ging, erstaunte selbst Nina. Sie schüttelte den Kopf. »Ist halt praktisch, wenn man sich abends amüsieren will. Deine Kanzlei-Bunnys sind mit ein paar Tropfen im Getränk noch langsamer auf dem Baum ...«, erklärte sie.

Yasemin schnaubte ungläubig.

»Bernd weiß: Verlässt er mich, gehe ich mit allem an die Presse. Dann ist er der Böse und ich die arme betrogene Ehefrau. Solange mein angetrauter Mann nur vögelt, kein Problem. Aber jetzt hat er dieses kleine Flittchen am Haken, das ihm vortäuscht, schwanger von ihm zu sein. ›Wir sollten überlegen, getrennte Wege zu gehen, noch mal von vorne anzufangen. Jeder für sich. Wir haben uns auseinandergelebt, Beate‹«, äffte sie ihren Mann nach. »So ein Schwachsinn! Aber jetzt habe ich ihm wieder einmal bewiesen, dass er ohne mich ein Nichts ist! Nichts!! Ich hab ihn erneut aus der Scheiße gezogen, weil er wie so oft meinte, für seinen kleinen Bruder eintreten zu müssen. Erich, du weißt doch, das war schon an der Uni so!« Beate Dresing seufzte. »Paul baut Mist, Bernd springt ihm zur Seite. Paul hat in seinem Leben nichts hingekriegt! Als er vor einigen Jahren dann Inhaber des Bauträgers wurde, dachte ich, er kriegt die Kurve. Er war so motiviert ...«

»... und hat den Laden auf schnellstem Wege beinahe in die Insolvenz geführt«, brachte Nina es auf den Punkt.

»Genau. Er ist einfach kein Geschäftsmann! Dann fand ich heraus, dass Bernd als stiller Teilhaber riesige Geldsummen in die GmbH gesteckt hatte! Erich, unser Geld!!! Da musste ich doch was tun! Unsere Kleine soll doch mal studieren! Also habe ich den Grundstücksdeal eingefädelt, damit das Geschäft wieder läuft.«

Doch ihr um Verständnis heischender Blick zeigte bei Erich keine Wirkung. »Du hast mich hintergangen. Ich war immer loyal. Ohne mich hätte Bernds Karriere gar nicht begonnen, wenn ich damals nicht die Schuld für diesen bescheuerten Unfall auf mich genommen hätte …«

»Das weiß ich doch alles. Deshalb habe ich dir doch den Job in unserer Kanzlei besorgt und dich gut bezahlt, oder etwa nicht? Und ich hab dir auch dieses Grundstück hier gesch…«

»Du hättest mich auf verseuchter Erde bauen lassen!«, brüllte er.

»Was hatten Sie denn gegen den Bauamtsleiter in der Hand, dass der Beschluss so schnell durchgewunken wurde, hm?«, mischte sich Nina wieder ein.

Beate zuckte mit den Schultern. »Bordellbesuche machen sich als verheirateter Mann, der nächstes Jahr für das Bürgermeisteramt kandidieren will, nicht sehr gut.«

»Siehst du?«, empörte sich Yasemin. »Ich sag es doch. Die Männer sind alle gleich. Würden sie die Ehe ernst nehmen …«

»Yasemin, ich glaube, das ist jetzt nicht der richtige Zeitpunkt, um Grundsatzdiskussionen über Moral zu führen.«

»O doch!«, unterbrach Erich. »Lass uns über Moral sprechen, Beate! Wie sagte meine Mutter immer so schön? Das Leichenhemd hat keine Taschen. Den treuen Freund, den du hattest, dem du vorgegaukelt hast, er würde zur Familie gehören, den hättest du nicht betrügen dürfen, o nein.« Er schob mit der Pistole ihr Kinn hoch, sodass sie ihn anschauen musste.

»Das … es tut mir leid. Ich werde dich entschädigen. Du kannst jedes Grundstück in Bielefeld bekommen, das du willst. Aber es ist auch nicht so schlimm, wie die da«, sie deutete auf Nina, »es gerade behauptet hat. Die Mülldeponie, das ist Jahrzehnte her … Die Werte müssen einigermaßen okay gewesen sein, sonst hätte die Deponie die Erde gar nicht angenommen. Es gibt ja Richtlinien …«

»… die man umgehen kann und das sollte bei deiner kriminellen Energie überhaupt kein Problem sein. Aber gut, nehme ich dich doch beim Wort: Alles nicht so schlimm, meinst du?«, sagte Erich. »Dann wird es dir ja nichts ausmachen, den Beweis anzutreten. Lass es dir schmecken!«

Verständnislos blickten alle drei Frauen zu Erich. Der öffnete zunächst Beates Handschellen, zog aus seiner Hosentasche einen Löffel hervor, drückte ihn der Anwältin in die Hand und richtete dann wieder die Pistole auf ihren Kopf. »Den ganzen Tag habe ich mir diesen Moment ausgemalt. Und jetzt: Iss!«

»Ich soll …«

»… die Erde essen, ganz recht. Kann doch so schlimm nicht sein, nach allem, was du sagtest.«

»Nein, ich … ich …«

»Friss oder stirb sofort!«, schrie er nun.

Beate Dresing zuckte zusammen und zum ersten Mal erschien blanke Panik auf ihrem Gesicht. Langsam steckte sie den Löffel in die Erde, befüllte nur die Spitze und führte ihn zum Mund.

»Mehr!«, brüllte er. »Friss. Die. Erde!«

Ein Schuss hallte durch die Nacht. Beate Dresing schrie auf und ließ den Löffel fallen. Erich hatte einen knappen Meter neben ihr in die Erde geschossen.

»Schon gut, schon gut«, sagte sie mit zitternder Stimme und griff ungelenk nach dem Löffel. »Ich mach's, ich mach's.«

Genugtuung war es, die Nina verspürte, als sie Beate Dresing mit dem Löffel in der Hand hocken sah. Doch sie war Polizistin, es war ihre Pflicht, einzuschreiten, Dresing würde später ihre gerechte Strafe erhalten.

Yasemin aber kam ihr zuvor. »Nein, Erich, nein!!!« Sie lief auf ihn zu, doch Erich deutete ihr, nicht zu nahe zu kommen, und richtete nun abwechselnd die Pistole auf Yasemin und die Juristin.

Yasemin hielt in der Bewegung inne und redete beruhigend auf Erich ein. »Das kannst du nicht machen, du hast doch ein gutes Herz, Erich, oder?! Hast du doch? Du sagtest, du hast bisher niemanden getötet, ich glaub dir das. Dann werd nicht wie sie, sei besser!«

»Mein Engel, glaub mir, ich mache das nur für uns. Du kannst Beate nicht leiden sehen? Fein. Das spricht für dein reines Herz. Aber sterben muss sie. Es wird wie Selbstmord aussehen, hier auf verseuchtem Grund. Sie konnte mit der Schmach nicht leben. Das wird auch in dem Abschiedsbrief stehen, den man bei ihr finden wird. Und Bernd, der die Verträge beurkundet hat, wird auch seine Strafe bekommen. Zwei Fliegen mit einer Klappe. Du und ich, wir fangen ein gemeinsames Leben an, ohne Dresings, ohne neugierige Polizistinnen.« Mit diesen Worten zielte er auf Nina.

»Nein!« Yasemin stellte sich vor Nina.

Langsam wurde es brenzlig. Ninas schmerzender Kopf ließ immer noch keinen klaren Gedanken zu. »Du weißt genau, dass du damit nicht durchkommst«, sagte sie in einem möglichst ruhigen Ton. »Bei ihr«, Nina deutete mit ihrer Schulter auf Beate Dresing, »vielleicht. Aber wie willst du meinen Tod erklären?«

Er lächelte süffisant. »Eine suspendierte Polizistin. Ach, da staunst du? Ich habe meine Hausaufgaben gemacht. Menschen haben sich schon für weniger das Leben genommen. Deine Karriere ist gelaufen und du hast in allem keinen Sinn mehr gesehen. Du wirst heute Nacht noch springen, Nina. Die Höhe des Aquädukts am See wird reichen.«

»Du krankes Schwein!«, brüllte Yasemin in die Nacht. »Lass Nina in Ruhe! Du wirst mich nie kriegen! Du bist ein krankes, krankes Arschloch, das im Knast verrotten soll.«

»Yasemin, hör auf.« Nina befürchtete, dass Yasemin den Bogen überspannte, seine Gunst für sie kippte.

Doch Yasemin ließ sich nicht bremsen. »Ich bin schwanger, hörst du? Schwanger von einem anderen und du kriegst weder mich noch dieses Kind, das ich mit meinem Leben beschützen werde!«, schrie sie weiter und hielt sich die rechte Hand auf ihren Bauch.

Mit einem Schlag wurde es still.

Unheimlich still.

Erich blinzelte. »Du bist … von einem anderen … Also all die Jahre … Alles umsonst?« Er ließ seinen Blick nun auf Yasemin ruhen und hob ganz langsam die Pistole.

»Neeeeeeiiiin!« Nina versuchte, sich mit aller Gewalt hochzustemmen und Yasemin aus der Schusslinie zu bringen, doch mit den Handschellen gefesselt war sie viel zu langsam.

Der Schuss fiel.

Entsetzt wartete sie darauf, dass Yasemin stürzte, doch nichts geschah.

Stattdessen sackte Erich zusammen und wimmerte.

Nina schaute sich um. Über ihr, am Rand der Grube, stand Tim Brüggenthies.

43.

Blaulicht erhellte die Szenerie.

Erich wurde auf einer Trage in den Krankenwagen geschoben, er war sehr blass. Aber er würde durchkommen. Nach allem, was Nina gesehen hatte, hatte Brüggenthies nur seine Schulter getroffen.

Als Beate Dresing von den Polizisten aus der Grube geführt wurde, schrie sie, man solle sie bitte schön noch ihren zweiten Pumps anziehen lassen, schließlich habe das Paar fünfhundert Euro gekostet.

Dann hatten Brüggenthies und ein Kollege Nina und Yasemin die Handfesseln gelöst, ihnen aus dem Loch geholfen und sie schnell mit Decken versorgt. Prüfend schaute Brüggenthies auf Ninas Wunde am Hinterkopf. »Das muss sich ein Arzt angucken.«

»Später«, winkte Nina ab. »Woher wusstest du …«

»Doro, stimmt's?«, fiel ihr Yasemin ins Wort.

Brüggenthies nickte. Und deutete auf seinen roten Fiat SUV. »Da wartet jemand auf euch. Ein bisschen zugedröhnt, aber trotzdem meine Heldin des Tages.«

Ungläubig schauten sich Yasemin und Nina an. Sie liefen zum Wagen. Auf dem Rücksitz saß tatsächlich Dorothee mit geschlossenen Augen. Vorsichtig klopfte Nina an die Scheibe.

Dorothee zuckte zusammen, hielt sich die Hand aufs Herz und guckte zurück. In der linken Hand hielt sie einen Flachmann. Nina nickte Yasemin zu und Sekunden später hatten sie Dorothee in ihre Mitte genommen.

»Du hast Brüggenthies hierhergeführt?«, fragte Nina ungläubig, als sie zu dritt auf der Rückbank saßen. »Und dafür deine Wohnung verlassen?«

»Es geht euch gut, es geht euch gut, Gott sei Dank«, flüsterte Doro und hatte noch immer ihre rechte Hand in der Höhe ihres Herzens liegen. »Hat sich der ganze Stress ja gelohnt.« Ein großer Schluck aus ihrem Flachmann folgte.

Nina nahm ihr das Gefäß aus der Hand und ebenfalls einen Schluck. Gin. Natürlich.

»Woher wusstest du, wo wir sind?«

»Tracking-App«, antwortete Yasemin an ihrer Stelle und winkte mit ihrem Smartphone.

»Tracking-App?«

»Ja, und bevor du fragst: ist voll legal. *Finding friends.* Gibt's Tausende dieser Art. Funktioniert über GPS. Doro hat darüber mal was in einem Krimi gelesen und ich hatte die sowieso schon auf meinem Handy. Die ist super, wenn du auf Partys oder Festivals Freunde suchst. Also hab ich sie auch auf Doros Handy gepackt, damit sie schauen kann, wo ich bin. Natürlich nur, wenn ich mein GPS angemacht hab. Manchmal will man ja auch nicht, dass jeder weiß, wo man gerade … Ihr wisst schon.« Sie lächelte.

Nina schüttelte schmunzelnd den Kopf. »Okay, ich spare mir jetzt jeden Kommentar über Datenschutz, Privatsphäre und so weiter, denn diese App hat uns heute Nacht den Arsch gerettet.«

Die anderen beiden nickten. Dorothee schloss wieder ihre Augen. Nun griff Yasemin nach dem Gin.

»Mooooment mal. Das da eben in der Erdgrube, war das gelogen, um Erich aus der Reserve zu locken, oder stimmte das?« Nina entriss Yasemin den Flachmann.

Die guckte schuldbewusst. »Kondom gerissen. Neunte Woche.«

Doro öffnete ihre Augen wieder. »Ist das wahr?«

Yasemin nickte verlegen.

»Du bist zu jung«, flüsterte Nina.

»Papperlapapp, rede doch nicht so einen Mist. Das ist ein kleines Wunder, Yasemin. Freu dich. Wer ist der …«

»Egal. Das ist egal. Aber ich will es behalten.«

»Natürlich willst du es behalten!«, sagte Dorothee aufgekratzt. »Und du kriegst all unsere Unterstützung. Wir werden das Kind schon schaukeln, wir drei, nicht wahr, Nina?« Mit roten Wangen nahm sie die Frauen neben sich in ihre Arme.

»Mhm … klar. Du kannst dem Nachwuchs ja gleich schon mal einen Personalausweis fälschen«, flachste Nina. Sie spürte Übelkeit aufsteigen. Yasemin war noch so jung, ein Kind würde ihr viele Möglichkeiten verwehren. Und doch hatte Dorothee auch recht. Yasemin war nicht allein und sie würde bestimmt eine liebevolle Mutter sein. Durchgeknallt, aber liebevoll.

»Ich freue mich wahnsinnig für dich«, sagte Nina leise.

»Und sehe ich dich noch einmal mit Alkohol in der Hand oder einer Zigarette, gibt's den Arsch voll.«

Yasemin grinste. »Jawohl, Chefin.«

»Jetzt lasst uns bitte nach Hause fahren. Ich brauche mehr Normoc«, sagte Doro.

»Wow. Bromazepam und Alkohol. Gewagte Mischung«, entgegnete Nina.

»Glaubst du, ich hätte es sonst bis hierher geschafft?«

»Nein, und ich bin dir zutiefst dankbar. Und stolz auf dich. Morgen gehen wir dann endlich mal schön shoppen, okay?«

»Du bist so gar nicht witzig«, murmelte Dorothee und schloss wieder ihre Augen.

Nina klopfte an die Scheibe, um Brüggenthies, der diskret vor dem Wagen gewartet hatte, zu deuten, dass sie nun abfahrbereit waren.

»Wo darf ich die drei absetzen?«

»Vier«, korrigierte Yasemin und lachte.

An Schlafen war nicht zu denken, dafür waren sie zu aufgekratzt.

Dorothee lag mit einer Decke über den Beinen auf ihrem Sofa und wartete, dass ihre Tabletten Wirkung zeigten. Sie war sehr blass. Im Treppenhaus hatte sie einen Schwächeanfall gehabt. Nina und Brüggenthies hatten sie gestützt und gemeinsam in die Wohnung gebracht. Von einem Arzt wollte sie aber nichts hören. »Der liefert mich doch ins Krankenhaus ein! Ich bin froh, wieder in meinen vier Wänden zu sein!«

Im Hintergrund lief leise Musik von den Beatles, darum hatte Dorothee gebeten. Wenn mich etwas beruhigt, dann die Beatles, hatte sie gesagt und Nina hatte die Platte für sie nur zu gerne aufgelegt.

Yasemin saß in einem Sessel, beschrieb in den buntesten Farben, wie sie das Kinderzimmer für ihr Baby einrichten würde, und erzählte Doro, dass sie schon angefangen hatte, Nähmuster für Babykleidung zu sammeln. Während sie redete, lagen ihre Hände auf ihrem Bauch.

Nina und Tim Brüggenthies hatten sich in die Küche verzogen und tranken Gin aus Wassergläsern. Er hatte ihr berichtet, wie Dorothee aufgelöst bei ihm angerufen und sich nicht hatte abwimmeln lassen. Sie war beunruhigt, weil weder Nina noch Yasemin an ihr Handy gingen und die Tracking-App anzeigte, dass Yasemin bei Dunkelheit auf dem Baugrundstück war.

»Was für ein Glück, dass wir unsere Handys lautlos gestellt hatten.«

Brüggenthies nickte. Doro hatte ihm zudem Ninas Nachricht gezeigt. Sie befürchtete, dass Erich durchgedreht war. Alles, was sie wusste, erzählte sie ihm auf der Fahrt zum Bauland, während er Verstärkung anforderte.

»Sie hat darauf bestanden, mitzufahren. Sie meinte, es könne ja nicht angehen, dass die junge Yasemin ihr Leben riskiere, während sie noch nicht einmal den Mut besäße, die eigenen vier Wände zu verlassen.«

»Das war ein riesiger Schritt für Doro«, zeigte Nina sich beeindruckt. »Was ist mit Dresings Ehemann?«

»Wie es aussieht, wird er kooperativ sein und eine ausführliche Aussage machen.«

»Gut. Wir haben übrigens nebenbei auch andere Vergehen aufgedeckt. Die Kanzlei hat systematisch alleinstehende Rentner abgemahnt und verdient damit gutes Geld. Ich kann euch Namen Betroffener geben.« Nina rieb sich den Nacken. Der Gin dämpfte ihre Kopfschmerzen etwas. Brüggenthies schaute sie erneut besorgt an. »Dafür ist morgen Zeit, wenn ihr nach deinem Arztbesuch«, er deutete auf ihren Kopf, »zu mir kommt und eure Aussage macht. Die Leute werden entschädigt.«

Nina blickte für einen Augenblick aus dem Fenster.

»Hoffentlich. Und hoffentlich werden auch die entschädigt, die auf der verseuchten Erde ihre Häuser gebaut haben.«

»Wenn der Fall an die Öffentlichkeit kommt, wird sich viel in Bewegung setzen. Auch bei der Stadt werden einige mächtig unter Druck geraten, allen voran der Bauamtsleiter. Und für solche Fälle haben die Kommunen Versicherungen. Glaub mir, es wird alles gut.«

Nina lächelte. »Brüggenthies, der ewige Optimist.«

»Wieso auch nicht?« Er lächelte zurück. »Es tut mir leid, dass ich dir nicht zuhören wollte. Ich dachte …«

Sie legte eine Hand auf seinen Arm. »Das geht in Ordnung. Ich hätte an deiner Stelle genauso reagiert. Ich bin nicht sehr geschickt in zwischenmenschlichen Beziehungen, weißte.«

»Ja, hab ich gemerkt.«

»Das mit dem Sabbatjahr stimmt nicht, wie du schon vermutet hast. Ich bin suspendiert worden.«

»Das könntest du mir nächstes Wochenende mal in Ruhe bei einer Stadionwurst erzählen.«

»Das heißt, du würdest mich noch mal mit auf die Alm nehmen?«

Er nickte. »Und dir vielleicht sogar einen zweiten Nachttisch kaufen.«

Ihre Wangen liefen rot an und zum ersten Mal schämte sie sich nicht dafür.

»Also, Sonntag, 13:30 Uhr?«

Sie nickte und räusperte sich. »Ich schmeiß dich jetzt raus. Wir müssen ins Bett.«

»Charmant wie immer. Aber du hast Glück, ich bin ein geduldiger Mensch, wenn ich weiß, dass es sich lohnt.«

Nina lächelte und fühlte sich so leicht wie lange nicht. Alles schien an seinen Platz zu rücken. Sie hatte in den vergangenen Wochen echte Freundschaften geschlossen und Menschen geholfen, wie es Aufgabe einer Polizistin war. Sie

hatte einen sexy Mann vor sich stehen, den sie überra-
schenderweise noch nicht komplett vergrault hatte. Es lief
erstaunlich gut.

Nina begleitete Brüggenthies bis vor die Haustür. Zum
Abschied gab er ihr einen Kuss auf die Wange und flüsterte
ihr ins Ohr, das er sich sehr auf ihr Treffen am Sonntag
freuen würde.

Sie schaute ihm nach, bis er in sein Auto gestiegen und
davongefahren war.

Bevor sie wieder in die Wohnung zurückkehrte, öffnete
sie ihren Briefkasten und nahm die Post heraus. Seit Tagen
hatte Nina ihn nicht geleert und die Werbung quoll bereits
aus dem Schacht. Schnell überflog sie die Umschläge. Bei
einem Brief des Amtsgerichts Wuppertal hielt sie inne und
öffnete ihn hektisch. Es war eine Vorladung. In drei Monaten musste sie vor Gericht erscheinen.

Glaub mir, es wird alles gut, hallten Brüggenthies' Worte
in ihrem Kopf.

Darauf kommt es gar nicht so sehr an, dachte Nina.
Hauptsache, man weiß, wo man hingehört, wenn es mal
nicht so gut läuft. Sie klappte den Briefkasten wieder zu und
begab sich auf den Weg nach oben.

Mein Dank

gilt vielen Menschen, die mir dabei geholfen haben, dass ich irgendwann ein *Ende* unter mein Debüt gesetzt habe: Meiner Familie für ihre bedingungslose Unterstützung, Jens Holtmann und Jörg Pannkoke für Fachwissen, Testlesen und vor allem für die Almbesuche samt Stadionwurst, Nicole Bertram, Martin Calsow, Maren Götting, Carsten Sebastian Henn und Herbert Knorr fürs Mut machen, in den Hintern treten, Testlesen und Vorleben, Juliette Nitkowski und Kolja Putjenter für ihre Gastfreundschaft im Schrebergarten und den Namen ›Hetta‹, Peer Gertenbach und Jens Nickolaus für ihr Fachwissen, Su Turhan für die türkischen Begriffe.

Wer schreibt, zieht sich zurück. Lieber Arne John, du gewährst mir stets ohne Grummeln meinen Raum zum Schreiben und unterstützt mich mit aller Kraft. Fürs neben mir gehen, hinter mir stehen und fürs gemeinsame Tanzen lieb ich dich (und für so viel mehr). Buchtitel und der Name ›Thekla‹ gehen auf dich, auch dafür mein Dank.

Bestimmt habe ich liebe Menschen vergessen – verzeiht mir! Die, die mich kennen, wissen, dass ich ständig etwas vergesse. Danke an Euch!

Lieber Leserinnen und Leser, vielen Dank, dass Sie das Buch in die Hand genommen haben. Was wären Autorinnen und Autoren ohne Leser? Fragen und Feedback gerne an info@christianeantons.de. Wer das Social Web mag, findet mich übrigens auch auf Facebook und Instagram.

Christiane Antons
Bielefeld, im (Fast-) Frühjahr 2018